Pepi Nieter

Die Tiefen der Liebe

www.tredition.de

Verlag und Druck: tredition GmbH, Halenreie 40-44, 22359 Hamburg

ISBN
Paperback: 978-3-347-23968-5
Hardcover: 978-3-347-23969-2
e-Book: 978-3-347-23970-8

www.tredition.de

*Ich danke meiner Familie für die Unterstützung.
Ich danke meiner Tochter für die Inspiration,
dank derer ich dieses Buch
verwirklichen konnte.*

Ich liebe Euch!

INHALT

EINLEITUNG

Vor anderthalb Jahrhunderten hat uns ein genialer Denker, der die Kraft der menschlichen Psyche untersucht hat, einen großartigen Spruch in einem seiner klassischen Meisterwerke hinterlassen. Sein Name ist Fjodor Dostojewski. In seinem einzigartigen psychologischen Roman „Der Idiot" legt er eindeutig fest: „Die Schönheit wird die Welt retten!". Wenn wir den Inhalt dieses klassischen Romans tiefgründig analysieren, wird uns kaum entgehen, dass Dostojewski in den Dimensionen der wahren Schönheit eigentlich die Liebe und die Güte sieht, die die menschliche Seele hervorbringen kann, da er den vollkommenen Menschen bildhaft portraitiert – mitfühlend und bedingungslos liebend. Das Meisterwerk überwältigt uns mit der Geistes- und Willensstärke des Hauptprotagonisten, der es schafft, sich über seinen eigenen gesellschaftlichen Abstieg lustig zu machen, ohne die unverdorbene und naive Liebe, die sein Herz erfüllt, auch nur für einen Augenblick zu verlieren.

Die Schlussfolgerung für uns ist, dass eben die hohe, tugendhafte Schönheit, die den Menschen begleitet, die Türen für eine reine und heilige Liebe öffnet, die jeden von uns transformiert und zu unserer Vervollkommnung sowie unserem geistlichen Wachstum beiträgt. Anders gesagt: Die wahre Schönheit der Menschen steckt in ihrer Güte und in ihrer Fähigkeit, LIEBE zu spenden, denn DIE LIEBE verleiht unserem Lebensweg einen Sinn und gibt uns die Kraft, die unebenen Bereiche dieses Weges zu meistern. Rein und heilig, ist sie die Erlösung und der Sinn der menschlichen Existenz. Die Liebe ist nicht erklärungsbedürftig, sie entbehrt jeder Logik, ich würde aber sagen, dass sie in ihrer Größe auch ein ewiges Mysterium bleibt.

Die Liebe manifestiert sich in verschiedenen Spielarten – Mutterliebe, eheliche Liebe, Verwandtenliebe, Freundesliebe, Liebe zur Musik, zur Natur, zum Sport, zur Heimat usw. Wenn sie in unser Bewusstsein eindringt, löst sie unumkehrbar tiefe Gefühle der Anhänglichkeit und Hingabe aus. Leider muss ich sagen, dass sie parallel dazu verschiedene Nuancierungen annehmen kann: sie kann süß und inspirierend sein, aber auch gefährlich und verheerend. Anders gesagt: die Gefühle, durch die sie sich manifestiert, können absolut kontrovers ausfallen – Trauer oder Vergnügen; Hoffnung oder Verzweiflung; Aufbau oder Eifersucht; Wahnsinn oder Freude; Begeisterung oder Niedergang. Unabhängig davon, in welcher Variante sie sich zeigt, dürfen wir nicht vergessen, dass sie unsere heilende Kraft ist.

In diesem Buch werde ich mich bemühen, die unüberschaubare Informationsflut zu systematisieren, die das phänomenale Wesen des Gefühls LIEBE zum Gegenstand hat, wobei ich mit dem Kern dieser Emotion anfange, d.h. mit unserer Kindheit, wo wir die Fähigkeit entwickeln, uns selbst zu lieben. Ich werde mich einzig und allein auf die Entwicklung des Selbstrespekts und der Liebe zur eigenen Person konzentrieren, und zwar aus dem einfachen Grund, dass es absolut unmöglich ist, die innere Liebe zu entwickeln, worauf dann die Tugenden aufgebaut werden, ohne die eigene Persönlichkeit ausreichend zu kennen. Anders gesagt: Wenn wir unsere geistliche Natur nicht kennen, sind wir nicht in der Lage, wahre Liebe für uns selbst zu empfinden, und als Folge daraus sind wir absolut unfähig, Liebe unseren Nächsten zu schenken. Eine Welt ohne Liebe wäre eine Welt, die der Finsternis und dem Abstieg unterworfen ist und eine Gesellschaft ohne Tugenden hinterlässt...degenerierte

Nachkommen. Viele von Ihnen sind vielleicht skeptisch oder kritisch eingestellt, aber ich würde Ihnen trotzdem raten, eine Seite aufs Geratewohl aufzuschlagen und zu lesen, bevor Sie voreingenommen über das Buch urteilen, damit Sie sich überzeugen, dass das Buch nutzvoll für Sie sein wird. Für die anderen möchte ich gerne glauben, dass das Buch nicht nur ihnen helfen wird, ihr Leben zu verändern, sondern auch zur Vervollkommnung der Schönheit ihrer Seele beitragen wird. Nur auf diese Weise können wir die Welt retten, nicht wahr?

Ich habe mich entschieden, dieses Buch als eine Fortsetzung von „Der Hauch der Veränderung" zu schreiben, wo ich systematisiert auf die Hauptursachen für die Notwendigkeit einer positiven Umwandlung eingegangen bin, indem ich manche Hinweise und Ideen hervorgehoben habe, die das Steuer unseres Lebens in eine positive Richtung lenken würden. Dabei habe ich vieles ausgelassen, was ich gerne thematisiert hätte, und daher bin ich auf die Idee gekommen, diejenigen Emotionen und Eigenschaften detailliert zu untersuchen, die den menschlichen Charakter gestalten und zur Entwicklung des stärksten und heilsamsten Gefühls – DER LIEBE, beitragen. Viel Spaß beim Lesen!

„Denn wisst, es gibt nichts, das höher, stärker, gesünder und nützlicher für das Leben wäre als eine gute Erinnerung aus der Kindheit, aus dem Elternhause. Man wird euch vieles über eure Erziehung sagen, aber wisst, irgendeine herrliche, heilige Erinnerung, die man aus der Kindheit aufbewahrt, ist vielleicht die allerbeste Erziehung."

Fjodor Dostojewski

RETROSPEKTIVE

DER

KINDHEIT

„Keine Sprache kann die Kraft, die Schönheit, das Heldentum und die Größe der Mutterliebe ausdrücken. Sie ist unerschöpflich, sie wächst, auch wenn wir uns schwach fühlen. Wie ein Stern strahlt sie das Licht ihrer immerwährenden Treue
über der Eitelkeit der Welt."

Edwin Chapin

KAPITEL EINS

DIE MUTTERLIEBE

Die Mutterliebe ist eine unüberschaubare und gleichzeitig äußerst heikle Angelegenheit. Ich verwende das Wort HEIKEL wegen der Tatsache, dass die Mutterliebe in zwei Arten geteilt werden kann. Die erste Art ist die gesunde Liebe, die unserer Existenz zugrunde liegt. Bedingungslos und hingebungsvoll, trägt sie wesentlich zu unserem guten psychischen und körperlichen Zustand bei. Lebenswichtig und unabdingbar bis zu einer bestimmten Etappe unserer Entwicklung, sorgt die Mutterliebe für Sicherheit und Balance in emotionaler Hinsicht, und auf diese Weise baut sie unseren Charakter, angesichts unserer weiteren selbstständigen Entwicklung auf. Mit ihrer Hilfe gewinnen wir an Unabhängigkeit und an Glauben an die eigenen Kräfte, was uns unweigerlich dazu verhilft, die alltäglichen Herausforderungen unseres Daseins erfolgreich zu überwinden. Es besteht aber eine dünne Grenze zwischen der notwendigen und der übermäßigen Mutterliebe, die mit potenziellen Gefahren für das Bewusstsein des Kindes verbunden ist. Diese Liebe charakterisiert sich mit einem obsessiven Verhalten der Mutter, das sich in die Psyche ihrer Kinder einprägt und ihre selbstständige Entwicklung als Erwachsene manchmal unumkehrbar verhindert. Anders gesagt: als Heranwachsende beginnen sie nach Selbstständigkeit zu streben, was von den Eltern falsch gedeutet wird. In solchen Fällen interpretiert die Mutter dieses Streben oft als eine persönliche Beleidigung und als grobe Respektlosigkeit ihren aufrichtigsten Gefühlen und Ratschlägen gegenüber, mit denen sie bezweckt, die Kinder vor der „bösen, grausamen Welt" zu beschützen. Um nicht subjektiv in meinen Überlegungen zu sein, werde ich versuchen, auf beide Seiten der Mutterliebe detailliert einzugehen, wobei ich es als angemessen erachte, mit ihrem positiven Einfluss zu beginnen.

Ich erlaube es mir, die Figur der Mutter metaphorisch einem Leuchtturm gleichzusetzen – dem Leuchtturm, der unseren Weg zum Erfolg und zu unserer Selbstbestätigung als eigenständige Persönlichkeiten beleuchtet und uns vor dem Schiffbruch im immensen, unbeständigen Meer – DEM LEBEN, bewahrt. Sie ist die Kraft, die uns motiviert, unsere Ängste auf dem Weg des Wachstums zu bewältigen; sie ist die Stimme, die unsere Seele von unserer Geburt an heilt und während unserer Reifung unsere Gedankenwelt zur Ruhe bringt. Ich habe eine tolle Mutter und ich kann mutig behaupten, dass sie heute noch das Symbol für häusliche Gemütlichkeit, Wärme und Zärtlichkeit in meiner inneren Welt darstellt. Ich wage mal zu behaupten, dass das Haus meiner Mutter mein Lebenshafen ist. Das ist der einzige Platz, wo ich mich selbst bedingungslos auftanken kann. In den meisten Fällen brauchen wir gar nicht lange Gepräche zu führen, da ich als reifer Mensch bemüht bin, sie vor den Emotionen zu beschützen, die meine Erlebnisse in ihr auslösen würden. Damit meine ich, dass sie ihre Muttermission bei meiner Erziehung schon erfolgreich erfüllt hat, indem sie ihr Bestes gegeben hat und Unabhängigkeit, Kraft sowie einen freien Geist in mir entwickelt hat. Momentan reicht mir ihr gutmütiger Blick, der mir immer einen unerschütterlichen Glauben und Hoffnung einflößt, wenn mir ein neues Unterfangen bevorsteht.

Zwischenzeitlich bin ich selbst Mutter und habe feststellen müssen, dass der Weg der Mutterschaft ein lebenslanger Prozess ist, denn das Muttersein ist Anerkennung und Verantwortung zugleich. Zweifellos machen wir alle Fehler, während wir versuchen, unser Allerbestes den Kindern zu geben.

Unsere Eltern waren auch nicht perfekt, aber sie haben versucht, im Rahmen ihres Lebensweges ihr Bestes zu geben, indem sie sich eigene Ideologien hinsichtlich der Erziehung geschaffen haben, die ihrer Erfahrung und ihrer Weltanschauung entsprachen. Aus diesem Blickwinkel betrachtet, ist es milde gesagt unmoralisch und falsch, über die eigene Mutter zu urteilen, denn dies weist auf eine mangelnde Verantwortung für die eigenen Fehler hin, die man nach seiner Reifung begeht.

Mit den obigen Ausführungen möchte ich die Tatsache betonen, dass mit dem Eintritt der Volljährigkeit die ganze Verantwortung für unser Leben an uns übergeht. Wir haben also die Wahl: Wir können uns auf die Veränderung unserer Ansichten konzentrieren und uns weiter selbst entwickeln oder uns auf die Fehler unserer Mütter konzentrieren, indem wir sie jedes Missgeschicks und jedes Hindernisses in unserem Dasein beschuldigen, was zu unserer völligen Degradierung als Persönlichkeiten führen wird. Hier möchte ich darauf hinweisen, dass ich die erstickende und manipulative Mutterliebe selbstverständlich aus diesen Erwägungen ausschließe. Auf diese Liebe sollten wir mit einer positiven Diskussion reagieren, und zwar wenn wir reif und selbstbewusst genug geworden sind. Entschuldigen Sie bitte diese Abweichung, aber meines Erachtens war es wichtig, dies klarzustellen.

Zurückkehrend zum Hauptthema möchte ich meine Gefühle schildern, als ich Mutter geworden bin. Ich habe meine Emotionen und meine Dankbarkeit als Tochter schon beschrieben, weswegen ich der Meinung bin, dass es angebracht ist, sie mit den Gefühlen zu vergleichen, die meiner Mutterschaft entsprungen sind. In dem Augenblick, als ich meine Tochter in meine Hände genommen habe, ist mir bewusst geworden, dass eben ich der Mensch bin, der sie in ihrem Leben begleiten und ihre Stütze, ihr Freund sowie ihr Ratgeber sein wird. Bei der Berührung ihres zarten Körpers habe ich die Kraft des unzertrennlichen Bundes zwischen uns gespürt, so aufrichtig und selbstlos. Ich habe die große Verantwortung für ihr körperliches Überleben auf dieser Etappe wahrgenommen. Dabei habe ich mir versprochen, tagtäglich an mir selbst zu arbeiten, um ihr dabei helfen zu können, eine gesunde Psyche und einen festen Charakter im Rahmen ihres Wachstums zu entwickeln, um psychisch und körperlich die schweren Herausforderungen des Lebens bestehen zu können, mit denen ich schon teilweise zu tun gehabt hatte. Jeden neuen Tag habe ich mir Mühe gegeben, mein Versprechen zu halten. Selbstverständlich habe ich viele Fehler gemacht, aber ich habe den Mut gefasst, sie zu gestehen, und zwar nicht nur vor mir selbst, sondern auch vor meiner Tochter. Als Ergebnis daraus kann ich behaupten, dass ich wertvolle Erfahrungen gesammelt habe, die mir geholfen haben, die verschiedenen Situationen in unserem gemeinsamen Leben zu meistern. Natürlich wird nur die Zukunft zeigen, inwieweit ich Erfolg mit dem schwierigsten Beruf hatte – ein vollwertiger Elternteil zu sein!

Gesunde Liebe

In diesem Kapitel möchte ich detailliert auf den gesunden, positiven Einfluss der Mutterliebe eingehen und beweisen, dass dies das stärkste und echteste Gefühl ist, das der Frau eigen ist – ein Gefühl, das konstant ist und sich durch keine Umstände beeinflussen lässt.

Wie ich oben schon erwähnt habe, ist das Muttersein der schwierigste Beruf: es ist ein langwieriger Prozess der Vervollkommnung. In ihrer bedingungslosen Liebe zu ihrem Kind gibt sich die Mutter oft riesige Mühe, während sie es umsorgt, und zwar absolut selbstlos und ohne eine Gegenleistung zu erwarten. Schon bei der ersten Berührung spürt sie instinktiv die beruhigende Wirkung, die sie auf das Neugeborene ausübt. Gerade das ist auch der Augenblick, wo ihr bewusst wird, dass sie die ganze Welt des kleinen Menschen ist, da das Kind die Welt über ihre Emotionen und Handlungen allmählich kennen lernt. Kurz gesagt – SIE ist die wichtigste und notwendigste Person in seiner Entwicklung. Natürlich will ich dadurch die Rolle des Vaters und der anderen Familienangehörigen nicht herabsetzen; die Hauptrolle ist aber der Mutter zugesprochen. Deswegen ist ihre Gegenwart in den ersten Jahren, wenn das Kind sich mit der realen Welt bekannt macht, äußerst notwendig und kaum entbehrlich. In seiner späteren Entwicklung, wenn es schon in der Lage ist, sich selbst um seine körperlichen Bedürfnisse zu kümmern, leistet die Mutter eine eher geistliche Hilfe, da sie die Ratgeberin und die Freundin bleibt, die einen nie verraten oder verletzen würde.

Ganz am Anfang bestehen die Pflicht und die Verantwortung, die die Frau auf sich genommen hat, in der

Beibringung von Gewohnheiten, die nützlich für das weitere Leben des kleinen Individuums sein werden. Indem sie die volle Verantwortung für die Entwicklung von guten Manieren in seinem Benehmen übernimmt, legt sie das Fundament für die zukünftigen harmonischen Beziehungen des Kindes mit seiner Umwelt. Indem sie genug Zeit in seine Erziehung, in geistlicher und moralischer Hinsicht, investiert, unterstützt sie nicht nur die normale Entwicklung des Kindes, sondern sie ist auch eifrig bemüht, die Risiken einer Abweichung vom „rechten Weg" zu minimieren. Mit „rechtem Weg" meine ich den Aufbau seines Wertesystems, infolgedessen das Kind das Reifealter erreicht, ohne in die Falle unmoralischer Handlungen wie Prostitution, Drogenkonsum, Diebstahl, Mord usw. zu geraten. Hier dürfen wir aber nicht vergessen, dass es für die Kinder auf dem Weg ihres Wachstums besonders wichtig ist, dass die mütterlichen Worte den mütterlichen Handlungen entsprechen, da die Kinder ihre Eltern beobachten und ihnen nachahmen. Es ist gut, wenn die Mutter ihre Ansichten auch im Alltag vorlebt, wenn sie dem Kind eine Richtung vorgibt, denn falls sie eine bestimmte Stellung einnimmt, sich aber gegensätzlich dazu benimmt, kann das zu einer dauerhaften Verwirrung im emotionalen und psychischen Zustand des Kindes führen.

Eines der Hauptprobleme unserer Gegenwart ist, dass die Mutterrolle sehr oft durch die Zwänge der heutigen Welt herabgesetzt wird. Die hintereinander hereinflatternden Rechnungen, von deren Zahlung ihre Existenz abhängig ist, führen dazu, dass die Mütter natürlicherweise ihre Prioritäten neu festlegen, so dass die Sorge für die Kinder in den Hintergrund tritt. Anders gesagt: Wir konzentrieren uns auf unsere Karriere und betrachten die Erziehung der Kinder als eine Art Sklaverei, die uns in die Misere führt. So überzeugen wir uns selbst, dass die echte

Selbstverwirklichung außerhalb unseres Zuhauses stattfindet, während die Sorge für die Kinder zweitrangig ist. Wir lassen sie alleine nach den Antworten für die geschriebenen und ungeschriebenen Normen sowie Handlungen der Gesellschaft suchen, mit der Rechtfertigung, dass wir ebenso zu ihrer selbstständigen Entwicklung beitragen würden. Nach anfänglicher Verwirrung beginnen die Heranwachsenden zwischen den Computerspielen, dem Fernsehen sowie dem Internet umherzuirren und landen letztendlich bei den „Gesetzen" der Straßenerziehung.

Sie versuchen sich selbst zu erziehen, indem sie ihre eigenen Regeln erfinden und sich dabei unterbewusst wegen unseres mangelnden Interesses stark beleidigt fühlen – was sie wiederum unterbewusst auf eine mangelnde Liebe zurückführen. Haben Sie sich Gedanken darüber gemacht, dass die Selbsterziehung eine Aufgabe ist, die die Kräfte des kleinen Individuums bei weitem übersteigt? Deswegen wird der anfängliche Schock über die ausbleibende Zuwendung durch Handlungen ersetzt, deren einziges Ziel ist, die Aufmerksamkeit auf sich zu ziehen. Das Endergebnis liegt auf der Hand: aggressiv-manipulatives Verhalten, Desinteresse und Konzentrationsstörungen in der Schule, Respektlosigkeit der Gesellschaft gegenüber, Drogenkonsum usw. Die empfindlicheren Kinder beginnen zu kränkeln. Wir beschuldigen das System und die Lehrenden, suchen aber nie nach unseren eigenen Fehlern, die zu diesem Verhalten geführt haben und vergessen, dass die Aufdeckung der ursprünglichen Ursache der Schlüssel zur Lösung des Problems ist. Ich bin mir hundertprozentig sicher, dass viele von Ihnen empört opponieren würden: „Wir arbeiten ja, damit sie überleben und ihre Bedürfnisse befriedigt werden?

Wir opfern uns im Namen ihrer Befriedigung!". Ich möchte niemanden beleidigen, aber so eine Einstellung finde ich verantwortungslos. Ich selbst hatte als Mutter solche Perioden, was ich zutiefst bereue. Ich möchte aber nicht falsch verstanden werden – ich rufe nicht dazu auf, dass die Mütter ganz auf ihre Arbeit oder auf ihr Recht auf privates Leben verzichten, aber meines Erachtens trägt die falsch ausgedrückte Liebe, die nur der materiellen Befriedigung dient, dazu bei, dass eine kranke, aggressive und milde gesagt infantile Gesellschaft zu Tage kommt. Im Weiteren versuche ich meine These mit Fakten und Beispielen zu bekräftigen.

Vor knapp einem Jahr bin ich auf einen Artikel gestoßen, in dem die positive Wirkung der Mutterliebe auf die Gesundheit des Kindes detailliert beschrieben wurde. Der Artikel beruhte auf der Methode von Professor Boris Zinowiewich Drapkin. Der Professor hat ein einzigartiges Konzept auf der Basis der russischen Psychotherapie und Pädagogik aufgestellt, wobei er auch einige Erfahrungen der Volksmedizin berücksichtigt hat. Dem Konzept liegt die tiefe psychoemotionale Bindung zwischen Mutter und Kind zugrunde. Durch diese Bindung vermag die Mutterliebe unzählige Möglichkeiten während der Kommunikation mit dem Kind freizusetzen. Ein Teil seiner Theorie lautet: „Wir alle lieben unsere Kinder. Das Traurige ist jedoch, dass wir es nicht so machen, wie es das Kind braucht. Stellen Sie sich einen Tank vor, der IMMER voll mit Mutterliebe sein soll. Wenn nicht genug Mutterliebe vorhanden ist, geht der Tank leer und das Kind wird krank – durch seinen Körper zeigt es schreiend, dass sich Probleme ankündigen". Der Artikel enthielt auch Geschichten von geheilten Kindern, bei denen die traditionelle Medizin keine Erfolge gebracht hatte. Die verzweifelten Mütter wandten sich an den Professor in dem klaren Bewusstsein, dass dies die letzte Chance zur Verbesserung der Gesundheit ihrer Kinder ist. Voller Hoffnung hielten sie sich strikt an seine Anweisungen. In den meisten Fällen war das Ergebnis äußerst erfolgreich. Die Schlussfolgerung, die ich aus diesem Artikel gezogen habe, ist, wenn das Kind nicht genug Aufmerksamkeit und körperliche Nähe bekommt (Umarmungen, Spiele, Kuscheln, Gespräche usw.), führt das zu einer Schwächung seines Immunsystems, was die Entwicklung von verschiedenen Erkrankungen begünstigt. Die achtsamen Eltern können gut einschätzen, wie viel körperliche Nähe das Kind braucht und werden die dünne Grenze, die ins andere Extrem – das Verwöhnen – führt, nicht überschreiten. Ich war stark beeindruckt von den Worten einer der Mütter im Artikel, die Erfolg bei ihrem Kind hatte. Wie sie sagt, hat sie sich während der Seancen überzeugt, dass auch wenn sie die Worte „ICH LIEBE DICH" überflüssigerweise gebraucht hat, dies trotzdem in ihrem Fall von Nutzen war. Die Methode von Professor Zinowiewich schließt auch ein detailliertes Schema mit speziellen Sätzen ein, die im Rahmen des Heilungsprozesses gebraucht werden und hilfreich für diejenigen sind, die ihn nicht vor Ort besuchen können. Ich hielt es für unnötig, diese Sätze hier aufzulisten, da die Interessierten diese Informationen auch selbst im Internet finden können.

Der Artikel veranlasste mich dazu, über die Fehler nachzudenken, die ich bei der Erziehung meiner Tochter gemacht hatte. Bevor ich die Balance gefunden hatte, pendelte ich in meiner Jugend von einem Extrem ins andere – zu viel Sorge oder zu wenig Aufmerksamkeit. In mir kamen Erinnerungen an Zeiten hoch, wo ich lange versucht hatte, mir selbst zu vergeben. Die erste davon betrifft die Zeit, als meine Tochter 7-8 Jahre alt war.

Es hatte sich damals so ergeben, dass ich beruflich viel unterwegs war. Im Wirbel des Karrierewahns hatte ich keine Zeit für mich selbst und hatte meine elterliche Verantwortung völlig vernachlässigt. Vertieft in die Arbeit, hatte ich die offensichtlichen Veränderungen im Verhalten meines Kindes übersehen – bis eines Tages meine eigene Mutter ein strenges, keine Widerrede duldendes Gespräch mit mir hatte und mir anhand von Tatsachen meine Verantwortungslosigkeit und meinen Egoismus aufzeigte. Schockiert musste ich feststellen, dass sie Recht hatte. Es war wie ein Erwachen aus einem tiefen Schlaf, als ich bemerkte, wie sehr sich meine Tochter zurückgezogen hatte. Ihre frühere Selbstsicherheit war spurlos verschwunden, sogar ihr Gang schien mir verändert. Es war, als ob die ganze Welt auf ihre zarten Schultern lastete. Sie sprach kaum, und wenn sie dies tat, klang in ihrer leisen Stimme die Angst durch, dass ihre Meinung dumm und unwichtig sei. Sehr selten wechselte sie ins andere Extrem und unterbrach genervt meine Fragen, als ob sie nur in ihrer eigenen Welt leben würde und weder den Wunsch noch die Absicht hätte, uns da zuzulassen. Da ihr Vater auch kaum an ihrer Entwicklung teilhatte, wurde mir bewusst, dass mein Kind den Boden unter den Füßen verloren hatte und nur aus der Beziehung zu meinen Eltern Kraft schöpfte. Ich brauchte ein halbes Jahr, um ihr Vertrauen und ihre Aufmerksamkeit zurückzugewinnen. Ich war glücklich, dass sie nicht nur wieder gesund wurde, sondern auch ihre Selbstsicherheit und ihr charmantes Lächeln wiederhatte. Leider musste sie drei Jahre später den größten Stress im Leben eines Kindes erleben – die Trennung seiner Eltern. Während ich gebrochen die Stücke meiner Seele in England zusammenzusetzen versuchte, wo ich arbeitete, um finanziell für meine Tochter besser sorgen zu können, kämpfte sie gegen ihre doppelte Trauer. Ihre zarte Psyche wurde durch Fragen gequält: einerseits die Ehescheidung und die Frage, warum ihr Papa sie verlassen hat, andererseits – warum Mama wieder so weit weg ist. Später hat sie mir anvertraut, dass sie damals Schuldgefühle hatte und glaubte, dass alles ihretwegen passiert ist, weil sie sich die Ereignisse mit der These erklärte, sie sei ein böses Kind. Ich finde es angebracht, hier auch meinen Eltern dafür zu danken, dass sie sich um sie gekümmert und bei ihrer Erziehung mitgewirkt haben. Obwohl in den nächsten drei Jahren die meisten verbalen Kontakte per Skype stattfanden und wir uns nur einmal monatlich sahen, haben wir das wundervollste Kind auf der Welt erzogen. Ich danke ihr vom ganzen Herzen, dass sie nicht nur eine Kämpfernatur hat und zielbewusst ist, sondern auch mir geholfen hat, die wichtigen Dinge im Leben einzusehen. Ich möchte dieses Kapitel mit einem Gedicht von ihr abschließen, das sie mir zu meinen 45. Geburtstag geschrieben und geschenkt hatte. Für mich ist es das wertvollste Geschenk, da es mir die emotionale Sicherheit gegeben hat, dass ich trotz meiner Fehler als Mutter das Vertrauen meines Kindes gewonnen habe – eben weil ich ehrlich genug war und sie ihr mitgeteilt habe, so dass wir beide voneinander lernen konnten.

FÜR MAMA

Meine Mama, Du bist ein Zauber,
Du bist voll mit hellem Licht,
Du kannst heilen meine Trauer,
die reine Güte bist Du für mich.

In schweren Zeiten meines Lebens
bist Du immer für mich da.
Du bist bereit, mir zu vergeben,
Du gibst mir Deine treue Hand.

Wenn jemand mich verlassen würde,
befreit mich Mama von den Schmerzen.
Wenn jemand mich verlassen würde,
ist sie bereit, ihn auszumerzen.

Und jetzt muss ich mich wieder fragen:
Wie könnte ich den Dank aussagen?
Mit welcher Kraft an diesem Tage?

Ich danke Dir
für die bedingungslose Liebe,
für die Gedanken,
die mich sorgevoll umgeben,
für Deine liebevollen Küsse,

die mich vorwärtstreiben,
für Deine Ratschläge
für ein gesundes Leben.

Ich danke Dir
für jede ruhelose Nacht,
für Deine mir geschenkte Mutterkraft,
meine helle Stimme verdank' ich Dir,
danke für die Küsse
auf meiner Stirn.

Du hast mich zu einem
starken kleinen Menschen gemacht,
ich bin fleißig und stabil und gut bedacht.

Du gibst mir Flügel, stärkst mein Ich,
indem Du meine Tränen wischst,
wie aus tausend Herzen fließt
Liebe für mich.

Wenn mein Verstand nach Frieden trachtet
und ich nach echter Ruhe schmachte,
dann ist mein Lieblingsplatz auf dieser Erde
Deine Umarmung, wo ich mich verberge.

Dann nimmt das Böse eine Wende,
der Krieg in mir kommt dann zum Ende.
Sie ist unbezahlbar und beständig.

Unersetzlich bist Du für mich.
Verändern würde ich Dich nie.
Bleib für immer so direkt,
so korrekt und so perfekt.

Mein Wichtigstes auf dieser Welt
ist meine Mama, die mich hält.
Charmant und lieb ist meine Mama,
auch sonntags im Pyjama.

Meine allergrößte Freude
ist Deine holde Seele heute –
zufrieden, bunt und speziell,
mit schönsten Farben, mit Behagen,
nie, nie wieder niedergeschlagen.

Mit Liebe: D. B.

„Das Lied, das ruhig im Herzen einer Mutter liegt,

singt auf den Lippen ihres Kindes"

Khalil Gibran

„Wenn ich mein Kind wieder aufziehen müsste, würde ich zuerst ein Selbstwertgefühl aufbauen und später das Haus...

Ich würde mehr mit den Fingern malen und weniger mit den Fingern zeigen...

Ich würde öfters von der Uhr wegsehen und der Welt zusehen...

Ich würde aufhören, die Ernste zu spielen, und würde beginnen, ernst zu spielen...

Ich würde mehr umarmen und weniger ziehen...

Ich würde seltener fest sein und häufiger fest machen...

Ich würde weniger über die Liebe zur Macht lehren und mehr über die Macht der LIEBE...“

Diana Loomans

Obsessive Liebe

Ich möchte mit einem Spruch von Washington Irving beginnen: „Eine Mutter ist der wahrste Freund, den wir haben, wenn die Prüfungen schnell und plötzlich auf uns zukommen; wenn die Widrigkeiten an die Stelle des Wohlstands treten; wenn Freunde uns verlassen; wenn schwere Schicksalsschläge uns ereilen, wird sie uns beistehen und alles Mögliche tun, um die über uns hängende Finsternis zu vertreiben und wieder Frieden in unsere Herzen zu bringen". Wenn wir die tiefe Bedeutung dieses Gedankens begreifen, kommen wir zur Schlussfolgerung, dass wir uns auch in unserem reifen Alter nach der mütterlichen Liebkosung und Umarmung sehnen. Daran ist natürlich nichts Schlechtes, da wir in unserem Entwicklungsprozess begriffen haben, dass nur die Liebe der Mutter absolut selbstlos, kritiklos und aufopfernd ist. Ausgehend von der Tatsache, dass die Mutter die Wutausbrüche, die Ignoranz und die Undankbarkeit der Kinder in bestimmten Zeitspannen ihres Lebens vergibt, würde ich hinzufügen, dass diese Liebe auch unschuldig ist. Leider gibt es aber nicht wenige Fälle, wo die mit Opferbereitschaft und Edelmut erfüllte Mutterliebe unbewusst zu einer kontrollierenden und erstickenden Liebe ausartet, welche die zarte Psyche des Kindes schon in den frühesten Kinderjahren verletzt. Infolgedessen wird der unabhängige Geist des Kindes allmählich „getötet", und die Entwicklung seiner Selbstständigkeit, die es im Reifealter brauchen wird, wird gestört. Anders gesagt: Die übermäßige Fürsorge erstickt das Kind und es wächst wie ein verwöhntes Muttersöhnchen oder -töchterchen auf. Da meine Tochter oft krank war, habe ich in meinem Bestreben, sie vor allem zu beschützen, mich auch in bestimmten Zeiträumen ihrer Entwicklung in eine Helikopter-Mutter verwandelt, weil ich glaubte, dass gerade darin die echte Mutterliebe und Fürsorge besteht. Dank meiner Eltern wurde mir diese ungesunde Kontrolle des Privatraums meines Kindes immer zum richtigen Zeitpunkt bewusst, so dass ich die Grenze zur Verwöhnung nicht überschritten habe.

In seinem Buch „Mütterliche Liebe" thematisiert Anatoliy Nekrasov die Folgen aus der übermäßigen Fürsorge der Mutter gegenüber dem Kind, die auch auf die Gesellschaft als Ganzes reflektieren. Ich kann ihm nicht hundertprozentig recht geben, aber ich möchte einiges erwähnen, was mich stark beeindruckt hat. Ich zitiere: „Ohne Freiheit gibt es keine echte Liebe und ohne Liebe gibt es keine echte Freiheit. Die übertriebenen Muttergefühle rauben dem Kind seine Freiheit und stören es dabei, sich selbst auszudrücken. Das Kind ist nicht dein Eigentum. Wenn du dein Kind liebst, gib ihm Freiheit – Freiheit von deinen Erwartungen, von deiner Übertriebenheit." Falls Sie mein erstes Buch „Der Hauch der Veränderung" gelesen haben, werden Sie sofort verstehen, warum ich dieser Aussage völlig zustimme. Im Buch gehe ich nämlich detailliert darauf ein, dass die Freiheit des Geistes von erstrangiger Bedeutung für die Entwicklung und Vervollkommnung der menschlichen Persönlichkeit ist. Wenn wir bewusst oder unbewusst unseren Kindern einflößen, dass sie unsere einzige Stütze sind, fügen wir ihrer zarten Psyche irreparable Schäden zu, wobei wir sie daran hindern, frei zu denken und zu leben. Anders gesagt: Wir unterwerfen sie unserem Egoismus. Es ist, als ob wir ihnen ins Gesicht schreien würden: „Hey, ich habe mein ganzes Leben für dich geopfert und meine eigenen Träume aufgegeben. Du bist mein Schuldner, du kannst mich nicht verlassen!" Dabei vergessen wir aber, dass uns niemand darum gebeten hat.

So übertragen wir die Verantwortung für unsere eigene Wahl auf das Kind und verwirren dabei nicht nur seine Gedanken, sondern fügen ihm absichtlich und – milde gesagt – sadistisch ein tiefes Trauma zu und verhindern so seine seelische Entwicklung mit dem einzigen Ziel, es bei uns zu behalten. In diesem Fall bestätigen wir die These der Psychologen, dass es kein toxischeres Wesen gibt als die inadäquate Mutter, die die Psyche ihres eigenen Kindes wie keiner sonst kaputt machen kann. Lassen Sie mich kurz erklären, was ich meine. Einerseits sind die Kinder ganz offen für die selbstlose Mutterliebe und nehmen alles, was von der Mutter kommt, als Wahrheit an – eine Wahrheit, die tief in ihr Bewusstsein eindringt.

Andererseits, wie ich im vorigen Kapitel schon erwähnt habe, hat die Mutter einen sehr starken Energieeinfluss auf das Kind, und zwar ab dem Zeitpunkt seiner Geburt, was zu einer Vermittlung ihres emotionalen Zustands an das Kind führt. Wenn sie also beginnt, den Sinn ihres Lebens einzig in der Fürsorge für das Kind zu sehen, transformiert sich ihre Liebe zu einer ungesunden, „fressenden" Liebe. Unabhängig vom Alter ihres Abkömmlings weigert sie sich, ihn von ihrem Einfluss zu befreien, indem sie ihn immer noch als ein kleines, für das harte Leben nicht vorbereitetes Kind behandelt. Voller Angst, dass das Kind seinen eigenen, selbstständigen Weg im Leben einschlagen würde, flößen diese Frauen ihren Kindern durch manipulative Schuldgefühle ein, dass sie ohne ihre Hilfe nicht existieren könnten. So unterwerfen sie die Kinder ihren Ängsten und ihrem Egoismus, statt ihre Entwicklung zu stimulieren. Gerade in diesem Fall erweist sich die Mutter als ein obsessiver Faktor.

Für die Mutter ist es von erstrangiger Bedeutung, sich selbst zu lieben, denn das hilft ihr, dem Weg zum eigenen Selbstverständnis zu folgen.

Diese Liebe überträgt sie auf ihre Familie – auf ihren Lebenspartner und ihr Kind. In so einer Familie herrscht Harmonie, und auf diesem Fundament wachsen die Kinder gesund, glücklich und als vollwertige Persönlichkeiten auf. Das ist die Art der Mutterliebe, die jedes Kind braucht. Die Mutterpflicht hängt mit der bedingungslosen Liebe zusammen, die der Beziehung zwischen Mutter und Kind Freiheit und Sicherheit verleiht. Sie drückt ihre Unterstützung stillschweigend aus: „Ich akzeptiere dich so, wie du bist, ich nehme deine Individualität an und unterstütze deine Selbstständigkeit. Ich gebe deinen innigsten Träumen meinen Segen und leiste dir Beistand in den Sorgen, die dich auf deinem Lebensweg quälen! Ich bin überzeugt, dass deine Freiheit der natürliche und einzig richtige Weg deiner Entwicklung ist!"

Es kommt gelegentlich vor, dass die normalen Beziehungen zwischen den Eltern zerstört werden. Solche Fälle sind der Tod, der Ehebruch, oder einfach die Unvereinbarkeit der Charaktere. Leider muss das Kind in diesen Fällen die Rolle des Partners übernehmen, womit es stark überfordert ist. Die Beziehungen mit der Mutter werden unstabil und verwirrend. Ich möchte diese Behauptung mit einem Beispiel bekräftigen. Meine Tochter war 8-9 Jahre alt, als die Probleme in unserer Familie begannen. Das Kind fühlte sich absolut unstabil und beschuldigte sich selbst für alles, was vor sich ging. Eines Abends, vor dem Schlafengehen, hat sie mir direkt gesagt: „Ich habe eine Information, die dich interessieren würde. Wir könnten zu McDonald's gehen und dort teile ich sie dir mit". Ich lächelte, innerlich überzeugt, dass es um die typische unschuldige kindliche Erpressung wegen des neuen Spielzeugs vom Kindermenü ging. Die Szene wiederholte sich aber an zwei weiteren Abenden.

Am vierten Abend hat sie zu mir gesagt: „Ich will nicht zu McDonald's, aber ich kann diese Information nicht mehr geheim halten. Mein Papa hat einer anderen Frau geschrieben, wie sehr er sie liebt". Ich war fassungslos. Während ich mich vom Schock erholte, hat sie eine Datei aufgemacht, wo sie die Nachrichten ihres Vaters an seine uns unbekannte Freundin fleißig kopiert hatte. Sie begann heftig zu erklären, dass sie eine Veränderung in unseren Beziehungen bemerkt hätte und beschlossen hätte, selbst nach der Ursache zu forschen. Zu dieser Zeit hat sie zusammen mit ihrem Vater ein Internetspiel gespielt und die beiden hatten sich fest vorgenommen, den ersten Platz zu gewinnen. Da mein Ex-Ehemann oft unterwegs war, kannte sie sein Kennwort und ersetzte ihn an diesen Tagen im Spiel nach seinen Anweisungen. Als unsere Beziehungen sich verschlechtert hatten, hat sie begonnen, uns beide zu beobachten. Ihr ist aufgefallen, dass ihr Vater am Computer oft zwischen seiner Arbeit und Facebook wechselte, da hat sie einfach dasselbe Kennwort in Facebook probiert und konnte sich so in seinem Account einloggen. So hat sie die Nachrichten entdeckt und kopiert, um mich zu überzeugen, dass es sich nicht um kindliches Gefasel handelt. Ich schämte mich wegen meiner Verantwortungslosigkeit gegenüber diesem genialen Wesen. Am nächsten Tag hat mir ihre Lehrerin mitgeteilt, dass das Kind seit etwa einem Monat ein verändertes Verhalten aufweist. Wie sie auch immer versucht hatte das Problem zu identifizieren, sie war erfolglos geblieben.

Was folgte, war vorhersehbar – Trennung, Ehescheidung usw. Jetzt kommen wir aber zum Kern dieser Geschichte, die ich hier als Beispiel anführe. Ich kann fest behaupten, dass ich in dieser Zeit als Mutter versagt habe. Während ich die Stücke meiner verwüsteten Seele zusammensetzte, sah ich über den Schmerz meines Kindes hinweg, verängstigt, dass ich damit nicht klarkommen könnte. Ganz egoistisch habe ich sie mit meinem Leid und meinem persönlichen Unwohlsein belastet. Ich rechtfertigte mich mit der Ausrede, dass sie mein Leben sei; ich habe sie zu meinem Lebenspartner gemacht und dabei vergaß ich, dass sie die Trennung von ihrem Vater auch verarbeiten musste. Viele Jahre später hat sie mir anvertraut, dass sie sich in den ersten Monaten fast täglich die Schuld daran gegeben hatte, dass sie mit der mir gegebenen Information zur Scheidung unserer Familie beigetragen hätte. Ich habe heute noch Schuldgefühle wegen meines Verhaltens in den ersten sechs Monaten nach der Trennung. Ich habe es nicht geschafft, mit mir selbst klarzukommen und die Schuldgefühle, die mein Kind plagten, zu beseitigen. Ich danke Gott dafür, dass er mir nicht nur verantwortungsvolle Eltern geschenkt hat, die in dieser schweren Zeit meiner Tochter ständig beistanden, sondern mir auch geholfen hat, zu mir selbst zu kommen und mein toxisches Verhalten innerhalb kurzer Zeit wieder zu stabilisieren.

Das ist ein Abschnitt meines Lebens, wo ich die persönliche Entwicklung meines Kindes erschwert habe. Stellen Sie sich die Frage, wann und wie Sie ihre Herausforderungen gemeistert haben und inwieweit Ihre Kinder davon betroffen wurden? Haben Sie eine Lehre daraus gezogen oder behandeln Sie Ihre Kinder weiter als Ihre Lebenspartner, indem Sie in ihnen Ihre zukünftigen Schuldner sehen? Fehler zu machen ist zwar menschlich, aber die Reife unserer eigenen Persönlichkeit kommt dann, wenn wir diese Fehler gestehen, akzeptieren und wieder gut machen.

„Jeden Tag hat mich mein Vater dazu gebracht zu glauben, dass ich unbedingt der Beste sein soll. Jetzt verstehe ich endlich, was er damit gemeint hat."

Andre Agassi

KAPITEL ZWEI

DIE VATERLIEBE

„Dieses kleine, dreimonatige Wesen, so bedürftig, so winzig – war für mich schon eine Persönlichkeit und ein Charakter. Sie hatte begonnen, mich zu erkennen und mich zu lieben; sie lächelte, wenn ich mich ihr näherte, und wenn ich ihr mit meiner komischen Stimme Lieder sang, hörte sie gerne zu. Sie weinte nicht und verzog ihr Gesicht nicht, wenn ich sie küsste; sie hörte auf zu weinen, wenn ich zu ihr kam."

Brief von Fjodor Dostojewski an A. N. Majkow,
18 Mai 1868
Aus: „Das Tagebuch von
Ana Dostojewska"

Ich habe das Zitat oben angeführt, um die weit verbreitete falsche Ansicht zu widerlegen, dass einzig die Mutter dazu fähig sei, eine grenzlose und starke Liebe für ihr Kind zu empfinden. Ich vermute, dass diese These teilweise auf die nicht so aktive Teilnahme des Vaters am frühen Leben seines Abkömmlings zurückzuführen ist. Ausgehend aber von der Tatsache, dass das Neugeborene völlig auf seine Mutter angewiesen ist, wobei sich diese Abhängigkeit als überlebenswichtig erweist, nehme ich es persönlich als normal an, dass sie am Anfang die ganze Sorge für das kleine Individuum trägt. Natürlich heißt das überhaupt nicht, dass die Rolle des Vaters unterschätzt wird. Angesichts der Unterschiede zwischen dem emotionalen und körperlichen Status der beiden Geschlechter, finde ich es selbstverständlich, dass sie verschiedene Gefühle haben und ihre Liebe auf eine grundverschiedene Art und Weise ausdrücken, während sie das kleine Wesen aufziehen.

Wie ich im ersten Kapitel schon detailliert ausgeführt habe, ist die Liebe der Mutter bedingungslos und wird manchmal durch ihre emotionale Natur sowie den äußerst stark ausgeprägten Mutterinstinkt geblendet. Die Vaterliebe dagegen ist aufrichtig und grenzenlos, aber gleichzeitig objektiv. Was meine ich damit? Es ist eine allgemein bekannte Tatsache, dass beide Eltern ihre Kinder endlos und manchmal idealistisch lieben. Ich benutze das Wort „idealistisch", da sie bereit sind, ihr eigenes Leben aufs Spiel zu setzen, um sie vor Schicksalsschlägen zu beschützen. Nicht selten weigern sie sich auch die offensichtlichsten Fehler wahrzunehmen, die ihre Kinder begangen haben, da sie gewollt oder ungewollt dazu neigen, deren Persönlichkeitszüge unterbewusst zu idealisieren. Das ist meines Erachtens auch das Ende der Ähnlichkeiten zwischen der Mutter- und der Vaterliebe, denn da beginnt die bedingte väterliche Liebe. Die Mutter beginnt die Entwicklung des Kindes zu unterstützen, indem sie sich um seine Sicherheit und seine primären Lebensbedürfnisse kümmert, und der Vater beginnt, es zu belehren und anzuweisen. Daher wird seine Liebe eher mit der Disziplin und der Ordnung verbunden, und sie basiert infolgedessen auf Grundsätzen und Erwartungen. Diese Liebe soll dem Kind beibringen, seinem Lebensweg zu folgen; dabei sollte sie aber keineswegs autoritär und despotisch sein, sondern tolerant und nachsichtig, da sie sonst einen Gegeneffekt in der Entwicklung des Kindes bewirkt. Ein weiterer wesentlicher Unterschied in der elterlichen Liebe ist, dass die Mutter aufgrund ihrer stärker ausgeprägten Emotionalität die Aufgabe hat, sich auf die Entwicklung der Empfindlichkeit und Empathie in der kindlichen Seele zu konzentrieren, was in Zukunft das Kind dazu befähigen wird, langwierige und intime Beziehungen aufbauen zu können. Da die Natur ein Gleichgewicht anstrebt, ist es notwendig, dass der von der Mutter angelernten Feinfühligkeit die männliche Energie beigestellt wird. Mit anderen Worten: der Vater initiiert die Entwicklung von Eigenschaften wie Wille, Zielstrebigkeit, Fleiß und insbesondere Verantwortung. Hier muss ich erwähnen, dass es besonders wichtig ist, dass die Mutter den männlichen Prozess unterstützt, weil sie sonst unbewusst der Psyche des Kindes irreparable Schäden zufügen wird, die dann in seinem reifen Alter ihre Folgen haben werden. Anders gesagt: Die Liebe zwischen den Eltern beginnt eine zunehmend große Rolle in der Entwicklung des kleinen Menschen zu spielen. Wenn diese Liebe fehlt und es in der Beziehung zwischen Vater und Mutter keinen Respekt und keine Harmonie gibt; wenn die Frau ihren Mann nicht respektiert, dann stoppt sie die Entwicklung der männlichen Eigenschaften in ihrem Kind, indem sie eine unsichtbare Grenze setzt. Wie ich im vorigen Kapitel schon erwähnt habe, bleibt das Kind seiner Mutter immer treu und will sie nicht verletzen, daher wird es mit allen Kräften versuchen, gegen dieses irrationale Verbot nicht zu verstoßen, um kein Leid in ihr auszulösen.

Was sind die Folgen dieses Verhaltens? Wie wird dadurch die gesunde Entwicklung zur Reife des Kindes verhindert? Um diese Fragen beantworten zu können, möchte ich am Anfang erwähnen, dass wegen der vielen Sorgen, die die Frau während der Mutterschaft hat (dazu gehören die Kinderkrankheiten, die emotionale Instabilität des Kindesalters usw.), es oft passiert, dass sie keine Kraft mehr hat, auch Grenzen in Bezug auf das Verbotene und das Erlaubte bei der Integration des Kindes in die Gesellschaft zu setzen. Deswegen ist es eben die unvoreingenommene und objektive Liebe des Vaters, die im Alter zwischen 3-7 Jahren das Kind mit den Grenzen des Zulässigen und Möglichen sowie mit den moralischen Normen der Gesellschaft bekannt macht und sie aufbaut. In der Nähe des Vaters hat das Kind die erste Gelegenheit, sich die Gesetze und die Normen des Lebens anzueignen und seine sozialen Kontakte richtig zu entwickeln. Die Kinder, die im frühen Alter vom moralischen Einfluss ihrer Väter getrennt waren, da die Mutter zu autoritär und egoistisch war, entwickeln manchmal asoziales Verhalten. Ein ganz einfaches Beispiel ist, dass sie es nicht gelernt haben, zu ihrem Wort zu stehen, da Mama ihnen immer alles vergeben hat. Auf solche Menschen kann man sich nicht verlassen. Ein anderes Stereotyp sind die infantilen, hilflosen Erwachsenen, die wegen ihrer Willensschwäche sich nicht trauen, ihre Meinung offen zu sagen, oder – noch schlimmer – einen eigenen Standpunkt zu entwickeln, und deswegen sind sie immer einverstanden mit den anderen. Das Gegenteil kommt auch vor – megaaggressive Individuen, die immer alles wissen, sich immer den anderen widersetzen, sich arrogant und provokativ benehmen, die anderen wegen jeder Bagatelle kritisieren und beschuldigen. Der dritte Typ sind die absolut sprunghaften und verwirrten Persönlichkeiten, die immer mit dem Strom schwimmen. Sie pendeln zwischen verschiedenen Ideen, manchmal starten sie verschiedene Projekte, ohne aber auch nur ein einziges Projekt fertigzumachen. Alle diese Beispiele sind auf eine zu dominierende und obsessive Mutter zurückzuführen, die mit ihrer ehelichen Beziehung unzufrieden ist und die bewusst oder unbewusst die Entwicklung ihrer Kinder schon im frühen Alter gestoppt hat, da sie ihnen die aufbauende Kritik und die Liebe des Vaters vorenthalten hat, indem sie den Vater an ihrer Erziehung, wegen Problemen in ihren ehelichen Beziehungen, nicht hat teilhaben lassen.

Wenn im Leben der Kinder nur die weibliche Kraft präsent ist, gerät ihr Bewusstsein meistens in Chaos. Sie wachsen als anarchische, egoistische Persönlichkeiten auf, denen alles erlaubt ist. Als reife Erwachsene dringen sie in den Privatraum ihrer Mitmenschen ein und haben keinerlei Respekt vor ihren Interessen. Oft sind diese Menschen unausgeglichen und unzuverlässig und bleiben ihr ganzes Leben lang passive Kinder. Natürlich werden viele von ihnen später durch die Lebensumstände gezwungen, den Weg der Veränderung zu wählen, das ist aber nur mit riesiger Mühe und Beharrlichkeit möglich.

„Auf dieser Welt ist nichts vergleichbar zu der Liebe, die eine Mutter für ihr Kind empfindet. Sie kennt keine Gesetze und kein Mitleid, sie traut sich alles und räumt gnadenlos alles beiseite, was sich ihr in den Weg stellt."

Agatha Christie

„Wir müssen Kindern beibringen wie sie denken sollen, nicht was"

Margaret Mead

KAPITEL DREI

DAS ÜBERBEHÜTEN – ANGSTZUSTAND ODER DEPRESSION

In den vorigen Kapiteln bin ich auf die zwei Seiten der Mutterliebe eingegangen. Zum einen habe ich die erstrangige Bedeutung der Mutterliebe für das Überleben des Individuums in frühem Kindesalter und für seine Entwicklung als ein normales, vollwertiges Mitglied der Gesellschaft betont. Zum anderen habe ich die Mutterliebe, die die gesunden Grenzen überschreitet, sowie die Folgen daraus thematisiert. Im vorliegenden Kapitel möchte ich konsequent und detailliert die übermäßige mütterliche Fürsorge ansprechen, die den unabhängigen Geist des Kindes und seine vollständige Entfaltung auf seinem Lebensweg „lähmt". Vielleicht wiederhole ich dabei einiges; ausgehend von dem Spruch „Die Wiederholung ist die Mutter des Lernens" hoffe ich aber, dass dies von Nutzen sein wird.

Ich finde es angebracht, meine Auslegungen mit der Antwort folgender Frage zu beginnen: „Wann ist die Fürsorge für das Kind übertrieben und wann – genug?" Ich vereinfache diese Antwort zu zwei optimalen Möglichkeiten. Wenn das Kind ein offensichtliches Bedürfnis hat, es aber aufgrund seines Alters nicht stillen kann, ist es üblich, dass der sorgeberechtigte Elternteil dieses Bedürfnis stillt. Wenn das Kind aber in der Lage ist, selbst aus der Situation zu lernen oder sein Bedürfnis zu stillen und der sorgeberechtigte Elternteil es trotzdem weiter umsorgt, ist die Schwelle der gesunden Grenze schon überschritten, und wir befinden uns im Bereich des Überbehütens, dessen Schaden langfristige und gefährliche Folgen hat.

Verfolgen wir kurz die Chronologie der Entwicklung des menschlichen Individuums ab dem Zeitpunkt seiner Geburt. Meines Erachtens sollte ich genau dort anfangen. Können wir überhaupt von einer übermäßigen Fürsorge bei einem gerade geborenen Baby sprechen? Die Antwort lautet JA. Selbst in diesem zerbrechlichen Alter ist es möglich, in den Privatraum des Kindes einzudringen, und zwar unter dem Vorwand, dass es so hilflos und verängstigt ist, nachdem es das Licht der Welt erblickt hat. Es ist von erstrangiger Bedeutung zu begreifen, dass das Neugeborene tatsächlich Bedürfnisse hat, auf die die Mutter reagieren muss, damit es überlebt. Zu ihren Pflichten gehören zum Beispiel das Stillen, das Baden, das Beruhigen. Wenn das Baby aber ruhig ist, sollte sie die übermäßige Nähe meiden und sogar versuchen, es für ein paar Minuten alleine zu lassen. So verschaffen wir ihm die Gelegenheit, die Welt nicht nur mittels unserer Ansichten und Stimmungen kennen zu lernen. In der nächsten Etappe bis zum Alter von zwei Jahren ist es außerordentlich wichtig, dass die erziehende Mutter die richtige Balance zwischen der Zeit, in der sie mit dem Kind kuschelt und spielt und seinem Bedürfnis nach Umgang mit Gleichaltrigen findet. Kurz gesagt: Wenn wir uns ständig mit dem Kind beschäftigen, werden wir seine Kontakte mit den anderen Kindern stören. Deswegen brauchen wir Balance in der Sorge für das Kind. Wenn wir die Entwicklungschronologie weiter verfolgen, werden wir feststellen, dass das kleine Individuum im Alter von etwa 6 Jahren beginnt, eine fundamentale Selbstständigkeit zu entwickeln, die auch den Kindergartenbesuch sowie die Entwicklung von sozialen Kompetenzen einschließt. Seine sozialen Fertigkeiten beziehen sich nicht nur auf den Umgang mit den Gleichaltrigen, sondern auch auf die Kontakte mit den anderen Familienangehörigen – mit Oma, Opa, Tante, Onkel, Cousins.

Die Alltagsfertigkeiten sollten auch eine positive Entwicklung erfahren – das Kind isst alleine, zieht sich alleine an usw., wobei die völlige Selbstständigkeit in den Alltagsangelegenheiten – Hygiene, Essen, Schlafen und Kleidung – etwa im Alter von 12 Jahren erreicht wird. In den Fällen, wo das Kind schon in diesem Alter ist, aber sich um seine Bedürfnisse nicht selbst kümmern kann, sondern immer noch in elementaren Sachen auf die Hilfe der Eltern angewiesen ist, können wir absolut verantwortungsbewusst behaupten, dass die Mutter mit ihrer Überprotektion das Kind im Babyalter hält. Infolgedessen kommt es zu Veränderungen im Charakter des kleinen Menschen. Es treten ansatzweise Disziplinprobleme auf und nicht selten auch Konzentrationsstörungen, die von den Ärzten oft als ein „hyperaktives Verhalten mit Aufmerksamkeitsdefizit" diagnostiziert werden. Leider übersehen die Fachleute die Hauptursache für dieses Verhalten, das zu 90% auf Unruhe und eine unterbewusste Angst in der Psyche der Kinder zurückzuführen ist – Angst, dass sie nicht in der Lage sind, elementare Alltagsangelegenheiten zu meistern. Das Problem wird unnötig dramatisiert, da die meisten Eltern nicht einsehen, dass sie diese Angst verursacht haben. Ja, genau so ist es!

Der Beruf „Eltern" wird lebenslang erlernt und praktiziert. Es ist normal, dass wir Fehler machen, und wenn diese Fehler zu unserer Verbesserung beitragen, sollten wir dankbar für sie sein. In Bezug auf die Ursachen für die Ängste unserer Kinder gibt es nur eine Lösung. Schenken Sie ihrem Kind als Erstes mehr Vertrauen bei den Wahlen, die es trifft (z. B. Freunde, Hobbys, Interessen, Träume). Natürlich können wir ihm keine absolute Freiheit diesbezüglich geben, aber wir können ihm eine Richtung geben, nachdem wir geduldig und interessiert die Argumente für seine Wahl in einer konkreten Situation gehört haben.

Kurz gesagt: Wenn Schwierigkeiten in der Entwicklung der Selbstständigkeit des Kindes oder in seinem Benehmen in der Gesellschaft entstehen, sollte uns bewusst werden, dass die Veränderungen bei uns beginnen sollen und dann auf das Verhalten des Kindes übertragen werden. Das ist logisch, da die Kinder unseren Ansichten und festgefahrenen Modellen folgen. Wenn wir etwas von ihnen verlangen, sollten wir auch ein Vorbild in dieser Hinsicht sein, denn egal, wie viel wir mit ihnen reden oder sie im schlimmsten Fall anschreien, werden sie sich aus Loyalität uns gegenüber nicht verändern, es sei denn, wir verändern uns auch.

Die schwierigste Erziehungsphase ist das Alter zwischen 12 und 18 Jahren. In dieser Zeit sollten wir besonders umsichtig und tolerant in unserer Einstellung zum heranwachsenden Individuum sein. Wir bewegen uns nämlich auf dünnem Eis und falls wir ausrutschen, reißen wir auch unser Kind mit. Alle Pflichten des Kindes, die bisher beschrieben wurden, gelten weiter. Das Neue, worauf wir uns einstellen sollen, ist, dass wir Eltern mit dem Fortschreiten des Alters unseres Kindes und besonders wenn es schon im Teenageralter ist, in einen inneren Konflikt geraten, da das Vertrauen zwischen uns und dem Kind nicht nur bewahrt werden soll, sondern es müssen auch Voraussetzungen für seine Zunahme geschaffen werden. Indem wir gegen unsere Ängste hinsichtlich der Sicherheit des Kindes im Teenageralter kämpfen, machen wir unbeabsichtigt Fehler, die unsere Beziehungen irreparabel zerstören können und die Heranwachsenden zur Rebellion treiben, was sie oft in gefährliche Gesellschaft bringt.

Bei mir persönlich, als Elternteil, hat es ziemlich lange gedauert, bis ich begriffen habe, dass die Freundschaft der Mutter in dieser Periode wichtiger ist als ihre Strenge. Schon am

Anfang hat sich eine Kluft zwischen mir und meiner Tochter aufgetan, da ich mein Verhalten ihr gegenüber egoistisch den Ängsten um ihre Sicherheit unterworfen hatte, von denen ich ergriffen war. Wenn wir über mehrere Stunden hinweg getrennt waren, rief ich sie stündlich an, um zu fragen, wo sie ist, was sie macht und wann sie nach Hause kommt. Gottseidank hat es mir sehr schnell eingeleuchtet, dass mein nicht balanciertes und inadäquates Benehmen zu Extremen im Verhalten meiner Tochter führen wird. Mit meinem überflüssigen Überbehüten hatte ich sie nicht nur belastet, sondern auch beim Aufbau ihrer Selbstständigkeit gehindert. Ich hatte das Gefühl, die Kontrolle über mich selbst zu verlieren, und so kam ich zum Schluss, dass in diesem Alter, wo man gerne experimentiert und sich mit dem Leben bekannt macht, ein adäquates Verhalten meinerseits nützlicher als die übermäßige Kontrolle und die autoritäre Meinungsäußerung sein würde. Zuerst haben wir Regeln festgelegt, die für uns beide akzeptabel waren. Wir haben eine Ausgehzeit vereinbart, den sicheren Heimweg besprochen und die erlaubten Tätigkeiten und Orte angesichts ihrer moralischen Entwicklung und ihres Wertesystems bestimmt. Im Laufe der Zeit funktionierte dieses Schema immer besser und ich begann ihr Vertrauen zurückzugewinnen. Ich will es nicht verheimlichen, dass wir uns manchmal gestritten haben, aber in diesen Fällen setzten wir uns zusammen und besprachen die entstandenen Probleme, wobei wir auch auf unsere Gefühle gegenseitig Rücksicht nahmen.

In diesem Zusammenhang möchte ich das mütterliche Verhalten zusammenfassend in zwei Kategorien einteilen. Die erste Kategorie ist die überprotektive Mutter, für die die Welt grausam und voller Gefahren ist, und die Menschen − böse und unzuverlässig.

Die Mütter von diesem Typ haben nicht nur ihren Glauben an das Gute verloren, sondern sie haben auch ein inneres Vertrauensproblem. Ihr Bewusstsein ist von Ängsten, Minderwertigkeitsgefühlen und Unsicherheit geprägt. Aufwachsend unter der Kontrolle von so einer Mutter entwickelt das Kind ganz logisch die gleichen Eigenschaften. Wenn die Mutter sich Sorgen macht, spürt das Kind unterbewusst, dass jeder neue Schritt, den es in der Welt der großen Herausforderungen macht, unbeschreibliche Sorgen in ihr auslöst. Da es sich immer noch von seiner Liebe zur Mutter leiten lässt, verzichtet es auf seine freie und selbstständige Entwicklung, weil es sie nicht beunruhigen will. Für die Kinder gibt es hier zwei Varianten. Die erstere ist, sich abzufinden, damit die Mutter sich keine Sorgen macht, was sie später zu Muttersöhnchen oder – Töchterchen macht. Da sie das Risiko einer selbstständigen Entwicklung nicht eingehen wollen, bleiben diese Kinder ihr ganzes Leben lang abhängig von ihrer überbesorgten Mutter, die sie unbewusst einem schweren Schicksal preisgibt. Die zweite Variante ist, dass das Kind zu rebellieren beginnt. So kann es sich entweder von den Ängsten und Vorurteilen der Mutter befreien sowie seine eigenen Ansichten über die Welt aufbauen oder aber ins andere Extrem wechseln und den Weg zur Herabsetzung seines Wertesystems und seiner Moral einschlagen. Hier ist es angebracht, die Frage zu stellen: Wollen Sie dieses Schicksal für Ihr eigenes Kind? Lieben Sie es so vorbehaltlos, dass Sie es von den Fesseln Ihres Egoismus befreien können?

Wenn wir unser Kind überbehüten, schaffen wir die Voraussetzungen für eine mangelnde Selbstsicherheit bei ihm. Die überbesorgte Einstellung von Mama verstärkt seine Schuldgefühle, wenn es sich traut, etwas Konstruktives zu unternehmen, und deswegen fühlt es sich verwirrt. Infolgedessen geraten die Kinder in einen Zustand der Abhängigkeit von den Bedürfnissen der Eltern oder sie entwickeln eine stille Aggression, die von Leid oder Krankheiten begleitet wird. Dies wird von Generation auf Generation übertragen.

Der zweite Muttertyp sind die so genannten depressiven Mütter. Diese Variante kann noch schlimmere Folgen nach sich ziehen, weil dieses Verhalten auf eine mangelnde Liebe seitens des Partners zurückzuführen ist. Diese Mütter haben ein geringes Selbstwertgefühl, ein niedriges Selbstbewusstsein und stark ausgeprägte Schuldgefühle. Die Schuld ist ein zerstörerisches Gefühl. Sie ist eine gegen uns selbst gerichtete Wut wegen Sachen, die wir tun oder nicht tun sollten. Sie führt zu Minderwertigkeit und falschen Selbstvorstellungen. Wir stellen uns die Fragen: Was habe ich schon wieder getan? Womit habe ich diese Behandlung verdient? Bin ich etwa nicht gut genug, um Liebe und Aufmerksamkeit zu bekommen? Für diese Mutter wird das Kind zur Hauptquelle der Befriedigung ihres Bedürfnisses nach Liebe. Kurz gesagt: Statt Liebe zu geben, erwartet sie Liebe. Unterbewusst fühlt sich das Kind verpflichtet, ihr Freude zu bereiten, was eine unerträgliche Last für es ist. Indem das kleine Individuum die Bedürfnisse seiner eigenen Mutter befriedigt, gibt es seine Selbstständigkeit und seine persönliche Entwicklung auf. Das Schlimmste hier ist, dass die Psyche dieser Kinder dermaßen deformiert wird, dass sie sich später in Kopien ihrer Eltern verwandeln und eine passive Einstellung hinsichtlich ihrer zukünftigen Beziehungen entwickeln, die sich darin äußert, dass sie vom Lebenspartner erwarten, die ganze Verantwortung für ihr Leben zu übernehmen. Diese Passivität wird unterbewusst vererbt. Die Mutter erwartet, dass eine andere Person sie glücklich macht, und das Kind nimmt dieses Modell als richtig an.

Leider wachsen solche Kinder dann als depressive Persönlichkeiten auf.

Wenn wir über die Charaktereigenschaften der depressiven Persönlichkeiten nachdenken, werden wir den Schlüssel zu diesem Verhalten entdecken. Menschen, die depressiv angehaucht sind, trauen sich nicht zu handeln, da ihnen der Glaube an die eigenen Fähigkeiten fehlt. Sie sind empfindlich und haben ein besonderes Empathiegefühl, was dazu führt, dass sie gelegentlich ihre eigenen Interessen vernachlässigen.

Für sie spielt die Familie die Hauptrolle, weswegen sie sich auf die Bedürfnisse des Partners fokussieren, und zwar oft zum eigenen Nachteil. Den eigenen Träumen zu folgen gilt demnach als etwas ganz Egoistisches und Verpöntes. Diese Menschen opfern sich für das Wohl des angeblich bedürftigeren Familienmitglieds. Das Schlimme daran ist, dass sie nach einer selbstaufopferischen Tat erwarten, dass die anderen ihnen gegenüber auch so handeln würden, und wenn dies nicht der Fall ist, nehmen sie die Opferrolle in der so „bösen, niederträchtigen und moralisch entstellten Welt" an. Wenn wir dieses Verhaltensmuster pflegen, schaffen wir eine Gesellschaft aus Opfern, die die Schuld immer jenseits der eigenen Reichweite suchen. Es kommt uns gar nicht in den Sinn, dass wir uns in einem Teufelskreis bewegen, wo wir, die depressiven Eltern, depressive Kinder zur Welt bringen und erziehen.

Zum Schluss dieses Kapitels möchte ich erwähnen, dass jeder von uns mindestens einen Menschen kennt, dessen Leben durch ungesunde mütterliche Anhänglichkeit, kombiniert mit egoistischer, sich selbst „aufopfernder" Liebe, zerstört wurde. Ich habe einen guten Bekannten, der bis zum Tod seiner Eltern mit ihnen in ihrer Wohnung geblieben ist, ohne überhaupt zu begreifen, wie unglücklich er war. Er hat fast jeden Tag mit seinem angeblich tollen Leben angegeben – finanziell sei er sehr gut situiert und er hätte zwei Freunde, die ihm mehr als genug seien. Mit den „Freunden" meinte er seine alten Eltern. Als sie im hohen Alter dahinschieden, war er schon knapp 60 Jahre alt. Erst dann ist ihm bewusst geworden, was er verpasst hatte, und er hat sich hastig auf die Suche nach einer Ehefrau gemacht, allerdings ohne zu ahnen, dass seine Psyche für immer im Babyalter geblieben war und dass er eigentlich einen Ersatz der elterlichen Sorge brauchte. Natürlich brachte seine Suche keinen Erfolg und er sucht heute noch nach einer Partnerin. Ähnlich ist die Situation eines rebellierenden Mannes, der es bis zu seinem 40. Lebensjahr nicht geschafft hat, seine überfürsorgliche Mutter loszuwerden, die ihm seit den Kinderjahren ganz bewusst Schuldgefühle eingeflößt hat. Auch wenn er sich von ihr räumlich trennen konnte, ist er geistig mit ihr verbunden geblieben. Zum Beispiel kann er auf der heutigen Etappe seines Lebens immer noch nicht die Schuld überwinden, die seinem Wunsch entsprungen war, selbstständig und unabhängig mit der von ihm gegründeten Familie zu leben. Einerseits vergleicht er jedes Wort und jede Handlung seiner Ehefrau mit bestimmten Eigenschaften seiner Mutter, was zu vielen überflüssigen Streitigkeiten führt. Andererseits ist er nach der langjährigen „Mutterdiktatur" nicht in der Lage, selbstständige Entscheidungen zu treffen, was seine Ehefrau fast in den Wahnsinn treibt. In beiden Fällen sind Menschenleben infolge der falschen Erziehung einer depressiven oder zu obsessiven Mutter zerstört worden. Diese zwei Männer werden ihre schwere Last lebenslang tragen müssen, lebend in Einsamkeit und Verzweiflung und pendelnd doppelgesichtig vom einen Extrem ins andere, weil sie eben unmündige Kinder geblieben sind, während sie für das Glück und die Zufriedenheit ihrer Mütter gesorgt haben.

„Würden wir Dinge nur durch unsere fünf Sinne erkennen, so wäre die Welt uns ganz unverständlich. Was wir von dieser Welt wissen, wissen wir nur daher, dass wir uns mittels der Liebe in andere Wesen hineinversetzen und ihr Leben miterleben. Durch den Körper sind die Menschen voneinander getrennt und können sich nicht verstehen. Die Liebe aber vereint alle. Und das ist ein großes Glück."

Tolstoi

AUF

DEM

WEG

ZUR

SELBSTERKENNTNIS

„Hab Vertrauen in dich selbst: nicht in den Menschen, der du glaubst sein zu müssen, sondern in den Menschen, der du tatsächlich bist."

Taizan Maezumi

AUF DEM PFAD DER REIFE

Im ersten Kapitel des Buchs habe ich die Ursachen in der Kindheit detailliert analysiert, die zum Aufbau einer falschen Denkvorstellung von unserem wahren Wesen führen und unsere Entwicklung als vollwertige Persönlichkeiten dauerhaft beeinträchtigen können. Unabhängig davon und Rücksicht nehmend auf die Tatsache, dass der individuelle Charakter eines Kindes sich nur dann beeinflussen lässt, wenn die Individualität seiner Eltern stärker ausgeprägt als seine eigene, sich entfaltende Persönlichkeit ist, komme ich zum Schluss, dass jedes heranwachsende Individuum mit etwas mehr Glauben, Positivismus und Motivation den Mut fassen kann, das von den Eltern hinterlassene Verhaltensmodell zu überwinden, das Gefühle ausgelöst hat, die seinem inneren ICH nicht eigen sind.

In den nächsten Kapiteln versuche ich detailliert auf die positiven und negativen Eigenschaften des menschlichen Charakters einzugehen, die wir, in der Kenntnis, dass wir sie erworben haben, verbessern könnten, indem wir Schluss mit der Euphorie der Volljährigkeit machen und uns auf den Weg zur Reife machen. Zu diesem Zweck konzentriere ich mich auf einige Überlegungen hinsichtlich der inneren Spiritualität, die jeder von uns besitzt, und zwar in dem Maß, das man selbst zugelassen hat. Damit meine ich, dass wiederum wegen der Subjektivität des menschlichen Temperaments die Spiritualität bei den verschiedenen Menschen eine unterschiedliche Höhe aufweist, oder kurz gesagt: Jeder von uns hat seine eigene Einstellung zum Begriff SPIRITUALITÄT; wir sollten aber nicht vergessen, dass es ein verbindendes Gefühl unter uns allen gibt, dessen Name LIEBE ist.

Gerade diese Emotion sollten wir in uns entwickeln, um die Eitelkeit und die Vorurteile zu bekämpfen, die wir infolge falscher Erziehung oder durch die späteren Kontakte mit unserer Umwelt erworben haben, während wir versucht haben, uns als Heranwachsende in die Gesellschaft der Erwachsenen zu integrieren. Ich bin der Meinung, dass nur wenn wir die Fähigkeit entwickeln, uns selbst zu lieben, können wir unsere unterbewussten Erinnerungen heilen, indem wir uns selbst und unseren Mitmenschen die negativen Emotionen vergeben, die bis jetzt unsere gesellschaftliche Entwicklung sowie unsere geistliche Vervollkommnung verhindert haben. Dank der Veränderung, die in uns eintreten wird, werden wir es schaffen, über unsere Vergangenheit hinwegzukommen und in rein emotionaler Hinsicht reifer zu werden, oder anders gesagt: Wir werden als Persönlichkeiten aufwachsen und weiser werden. Mit der erworbenen Weisheit werden wir die Liebe zu uns selbst vervollkommnen, was uns dazu verhelfen wird, unser unterbewusstes, verschleiertes wahres Gesicht zu entdecken und es von dem falschen Selbstbildnis abzugrenzen, das wir absichtlich erschaffen haben, um sozial akzeptabel zu erscheinen. Kurz gesagt: Wir werden von unserer Vergangenheit und von ihren Komplexen Abschied nehmen. Wir sollten aber nicht vergessen, dass die Liebe zu sich selbst nichts mit dem Narzissmus zu tun hat, wo die führende Kraft nicht die Liebe, sondern unser inneres Ego ist.

Auf der Basis meiner eigenen Erfahrungen, im Laufe der Jahre, bin ich zu der Schlussfolgerung gekommen, dass wenn man die Komplexität seines eigenen Charakters und seiner Lebensansichten nicht versteht, kann man definitiv auch keine vollwertige Beziehung zu der Individualität seiner Mitmenschen herstellen. Mit anderen Worten: Damit eine vollwertige und reife

Gesellschaft in ihrer Komplexität funktionieren kann, sollte sich jeder von uns zuerst auf das Kennenlernen seiner eigenen Persönlichkeit konzentrieren. Durch die Selbsterkenntnis werden wir die Fähigkeit erwerben, uns selbst so wahrzunehmen, wie wir sind, und auf diese Weise werden wir den Prozess der moralischen Selbstvernichtung und des ethischen Abstiegs unterbrechen. Indem wir es lernen, uns selbst zu lieben, wird sich die Liebe in die Basis verwandeln, auf der wir die positiven Eigenschaften unseres Charakters zielbewusst aufbauen, was uns mit der Zeit auch die Kraft und die Selbstsicherheit geben wird, unsere negativen Charaktereigenschaften unter Kontrolle zu bringen. Wenn wir uns unserer eigenen Schwächen bewusst sind, wird die Art, wie wir unsere Mitmenschen wahrnehmen, an Tiefe und Objektivität gewinnen. Was ich damit sagen will, ist, dass wenn wir aufhören, die Menschen um uns herum oberflächlich wahrzunehmen, werden wir nicht mehr die Unterschiede sehen, die uns voneinander trennen, und dies wird sofort den Wunsch in uns auslösen, einander zu unterstützen. In diesem Zusammenhang könnte in jedem von uns ein unterbewusstes Dilemma aufbrechen. Nehmen wir zum Beispiel eine der zehn biblischen Regeln: „Hilf deinem Nächsten". Ich zitiere die Bibel, denn sie ist die Grundlage, die von vielen großen Autoren von psychologischen Romanen und von Büchern über Erfolg sowie positives Denken benutzt wird. Diese Aufforderung verpflichtet uns, Mitleid zu zeigen und uns um die anderen zu kümmern, aber...es gibt ein großes ABER. Theoretisch sind wir alle nicht nur einverstanden damit, sondern wir vermögen es auch geschickt zu predigen. ABER wenn den Worten Taten folgen müssen, entstehen in uns oft Fragen wie: „Wie können wir Gutes tun, wenn wir uns selbst nicht wohl fühlen?"; „Wie können wir uns um die anderen kümmern, wenn es uns schwerfällt, mit unseren eigenen Sorgen zurechtzukommen?";

„Wie können wir den anderen helfen, wenn wir selbst Hilfe brauchen?". Die wichtigste Frage, die wir uns jedoch beantworten sollten, ist: „Sind wir in der Lage, unsere Mitmenschen zu lieben und zu respektieren, wenn die meisten von uns nicht in der Lage sind, Liebe und Respekt für die eigene Persönlichkeit zu empfinden?". Die Liste der Fragen lässt sich angesichts der vielen individuellen Schicksale und Charaktere unbegrenzt erweitern. Leider sind wir momentan weit weg von der biblischen Regel, da die meisten von uns sich einzeln retten, indem sie sich in einem Kokon, gesponnen aus Misstrauen, von der Gesellschaft abkapseln. Anders gesagt: Wir bauen ein falsches Selbstwertgefühl auf und behandeln die anderen mit schlecht kaschiertem Hochmut sowie Argwohn, als ob wir ihnen als Persönlichkeiten in jeder Hinsicht überlegen wären, wobei wir versuchen, sie zu zähmen, um einen vollwertigen Kontakt mit ihnen zu haben. Dabei rechtfertigen wir uns oft mit einer ANGEBLICHEN „aufbauenden Kritik", ohne überhaupt zu bedenken, welche unterbewusste Einstellung hinter dieser Kritik steckt, nämlich: „Mein Leben und meine Denkweise sind unantastbar, aber meine Rolle in deinem Leben ist, dich zu belehren". Dumm und ungerecht, oder? Wir kritisieren gnadenlos die Intelligenz, die Kenntnisse und das Verhalten der Menschen, als ob wir das Niveau der Perfektion schon erreicht hätten, ohne überhaupt zu begreifen, dass wir eine ungerechte Kontrolle über die Würde der Menschen ausüben, was aus unseren eigenen inneren Kämpfen resultiert. Das Erbärmlichste daran ist, dass wir vergessen, dass auch wenn es Unterschiede unter den Menschen gibt, so haben diese Unterschiede nichts mit ihrer humanen Natur zu tun. Anders gesagt: Wir interpretieren das biblische Gesetz falsch. Ich würde sagen, dass einige der Ursachen für dieses Benehmen auf das unbewusste, versteckte Gefühl der Unzufriedenheit, der Schuld und der Minderwertigkeit sowie auf die mangelnde Liebe und den mangelnden Respekt uns selbst gegenüber zurückzuführen sind. Ohne Selbstrespekt ist es absolut unmöglich, dem Nächsten zu helfen und beizustehen, da wir ihn einfach gar nicht respektieren. Die richtige Herangehensweise zur Lösung des entstandenen inneren Konflikts, infolge unseres immer noch kindlichen Verhaltensmodells, ist, dass wir den Weg zur Reife betreten und unsere Bemühungen auf eine Analyse unserer negativen Eigenschaften fokussieren, die jeder von uns erfährt oder auf einer bestimmten Lebensetappe erfahren hat. Ich glaube nämlich nicht an die Perfektion – in meiner Weltanschauung ist sie ein abstrakter Begriff, der sich in unserem täglichen Kampf gegen unsere Schwächen äußert.

Ich möchte dieses Kapitel mit folgender Zusammenfassung abschließen: Wenn wir therapeutische Methoden im Kampf gegen die Negativität einsetzen, mit deren Hilfe das Positive über das Negative in unserem Charakter dominieren wird, werden wir es schaffen, bewusst in die Tiefe unseres inneren Ich einzudringen und Eigenschaften wie Liebe, Respekt, Mitleid und Barmherzigkeit ans Licht bringen, die tief in der Seele von jedem von uns schlummern.

„Ich liebe dich gerade hier, gerade jetzt. Ich schütze deinen Rücken, unabhängig von allem. Ich kenne deine Mängel, deine Niederlagen und deine Schwächen – und ich liebe dich immer noch."

Andrea Miller

ENTWICKLUNG DES GEFÜHLS LIEBE

Neulich habe ich ein kurzes, aber sehr aufregendes Buch von Bruce McLelland gelesen – „Wohlstand durch die Kraft der Gedanken". Einen besonders starken Eindruck hat auf mich die Passage gemacht, wo der Autor den menschlichen Verstand als Summe von zwei Elementen – Intellekt und Liebe – beschreibt. Laut McLelland´s Theorie stammen der Wille und die Emotionen von der Liebe und die Gedanken sowie die Instinkte – vom Intellekt ab. Wenn man Erfolg haben möchte, sollten demnach die Emotionen und die Liebe vom Willen kontrolliert werden, und der Wille sollte dem Verstand untergeordnet sein, woraus die harmonischen Gedanken hervorgehen. Anders gesagt: Um uns positiv verändern zu können, sollten wir die Angst, die Wut sowie die damit verbundenen Emotionen unserem Willen unterordnen. Hier bin ich zum Schluss gekommen, dass es auf dem Weg zu unserem neuen Ich von erstrangiger Bedeutung ist, zu versuchen, soweit es uns möglich ist, von den Eltern erworbene oder falsch aufgebaute Lebensansichten bewusst abzulehnen, um Einsicht in unser wahres Wesen zu bekommen. Natürlich kann sich diese Veränderung in emotionaler Hinsicht als nicht besonders erwünscht und leicht erweisen. Aus diesem wesentlichen Grund müssen wir unsere Anstrengungen unbedingt darauf konzentrieren, Eigenschaften wie Mut und Courage zu entwickeln, die ihrerseits uns bestimmt dazu verhelfen werden, uns ehrlich gegen unsere Mängel und gegen unsere festgefahrenen Gewohnheiten zu stellen. Auf diese Weise werden wir aufrichtig gestehen, welche negativen Eigenschaften unseres Charakters wir unbedingt bekämpfen müssen, im

Bewusstsein, dass sie die richtigen Handlungen zu unserer Entwicklung als starke Persönlichkeiten verhindern.

Durch einen starken Glauben an uns selbst werden wir die unbewusst eingeprägten negativen Gedanken besiegen, indem wir unser inneres Streben nach Eigenschaften wie Dank, Langmut und Hoffnung fördern – Eigenschaften, die uns dabei helfen werden, unseren anfänglichen Widerstand gegen die Veränderung zu überwinden. Während wir das negative Denken Schritt für Schritt beseitigen, werden wir die Liebe zu uns selbst langsam, aber sicher stärken.

In meinem Streben, Sie zu einer bewussten Annäherung an die Veränderung zu motivieren, möchte ich zum Schluss ein Zitat von Dr. Joe Dispenza anführen: „Warum sollten wir auf einen besonderen Augenblick oder auf den Beginn des neuen Jahres warten, um zu beginnen, unser Denken und unser Leben radikal zum Guten zu verändern? Beginnen Sie einfach, das jetzt schon zu tun: hören Sie auf, die alltäglichen negativen Verhaltensmuster zu zeigen, die Sie loswerden wollen. Streben Sie danach, jeden Tag etwas Neues zu lernen – das trainiert Ihr Hirn und entwickelt Ihre Fähigkeit, bewusst zu denken...".

„Ich bin nicht in der Lage, auch nur für einen Augenblick mich selbst als Ganzes oder in einigen meiner konkreten Charakterzüge zu sehen. Von Natur aus kann ich, wie alle anderen Menschen auch, mich selbst lieben (und das mache ich auch meistens) oder mich selbst hassen (auch das mache ich manchmal), ich kann mich sogar selbst verleumden, aber ich kann nicht und bin nicht in der Lage, mich selbst ruhig zu beobachten, mich richtig und wahrhaftig zu untersuchen, zu beschuldigen, zu beurteilen und je nach dem gefällten Urteil zu korrigieren."

Ivo Andrić

REFLEXION

UNSERES

INDIVIDUELLEN

WESENS

„Die Beharrlichkeit ist stärker als die Gewalt. Viele Dinge, die zusammen nicht zu überwinden sind, geben nach, wenn sie Stück für Stück erobert werden."

Plutarch

1. THERAPIE DES NEGATIVEN DENKENS

In meinem ersten Buch „Der Hauch der Veränderung" habe ich mich ausführlich mit der verheerenden Wirkung der negativen Emotionen auf den menschlichen Organismus, sowohl in emotionaler als auch in gesundheitlicher Hinsicht, befasst. Mein besonderes Augenmerk galt dabei der Angst und der Wut, die meines Erachtens die Grundlage für die Manifestation der anderen negativen Gefühle bilden. Hier möchte ich aber detailliert auf die Emotionen eingehen, die tief in uns stecken und die Impulse zum negativen Denken generieren. Ich werde mich einzeln mit ihnen befassen und ich würde mich freuen, wenn ich Ihnen dabei helfe, Ihre eigene Art und Weise zur Überwindung des Teufelskreises zu finden, in dem Sie sich jahrelang bewegt haben.

Als Einstieg ins Thema möchte ich Ihre Aufmerksamkeit auf eine der wichtigsten Sachen lenken, über die es sich lohnt nachzudenken – auf das EGO. Ich persönlich bin der Meinung, dass die Lösung des Konflikts mit unserem eigenen Ego zur Erlangung der Kontrolle über unsere emotionalen Schwächen beiträgt, die bewusst oder unbewusst unser Dasein bestimmen. Wenn wir diese Kontrolle erreicht haben, wird unser Vertrauen in uns selbst noch tiefer, und dies trägt zu unserer seelischen Sicherheit bei. Mit anderen Worten: Wenn wir Ruhe und Frieden auf dem mentalen Niveau erreichen, erwerben wir die außergewöhnliche Fähigkeit, uns selbst kennen zu lernen, indem wir unsere Seele erforschen. Infolgedessen kommen wir in die Lage, nicht nur unsere Tugenden zu entwickeln, sondern auch ihre Wirkung auf unser Leben richtig zu schätzen.

In diesem Zusammenhang möchte ich auch klarmachen, dass es nicht notwendig ist, uns schon am Anfang auf die Beseitigung aller schlechten Gewohnheiten zu konzentrieren, die das negative Denken fördern, denn dies wäre die sicherste Art und Weise, eine Niederlage auf dem Weg zur Veränderung und zur geistlichen Auferweckung zu erleiden. Stattdessen würde ich empfehlen, dass wir unsere Bemühungen einzig und allein auf diejenigen negativen Eigenschaften fokussieren, die wir am leichtesten überwinden könnten, denn falls wir diese bewältigen, werden wir daraus die notwendige Motivation schöpfen, uns den richtigen Herausforderungen zu stellen. Im Laufe der Zeit werden unsere wachsende Selbstsicherheit und Zufriedenheit uns immer mehr dazu verhelfen, wesentlich adäquater in den entstehenden Situationen zu handeln und somit auch das negative Denken ganz in den Griff zu bekommen.

Wie leicht und einfach sich das alles anhört, nicht wahr? Wie können wir aber diese Worte in Taten umsetzen? Um unsere Mängel zu besiegen, reicht es meiner bescheidenen Erfahrung nach aus, wenn wir eine Harmonie mit unseren inneren Gefühlen sowie Bedürfnissen erreichen. Wenn wir uns fragen, was genau wir möchten und was genau wir brauchen, wird sich in unserem Bewusstsein eine Idee formen. Diese Idee wird sich im Laufe der Zeit in ein Ziel verwandeln. Das Ziel, das wir uns gestellt haben, wird uns motivieren, den Weg zur Selbsterkenntnis weiterzugehen, auch in den Fällen, wo es möglich ist, einen Misserfolg zu erleben. Die Begeisterung, die uns bei der Realisierung unseres Strebens überwältigen wird, wird die Gewohnheiten bekämpfen, die wir ablegen wollen, indem sie die Ketten der negativen Gedanken bewusst zerreißt, die diese Gewohnheiten schaffen und pflegen. Der Erfolg wird Kräfte und Fähigkeiten in uns wecken, deren Existenz wir nicht einmal geahnt haben. Als Ergebnis daraus wird jeder nächste Vorsatz unseren Wunsch stärken, uns noch größeren Herausforderungen zu stellen. Die Überwindung der Herausforderungen wird uns ihrerseits noch näher an unsere Selbstentdeckung, in spiritueller Hinsicht, bringen. Kurz gesagt: Wenn wir den Weg der Spiritualität wählen, werden wir die LIEBE zu uns selbst entwickeln.

In meinen Büchern wiederhole ich immer wieder, dass die Chronologie dieses Prozesses recht kompliziert ist, weswegen Sie sich im Klaren über Ihre wahren Wünsche und Bestrebungen sein sollten. Die Menschen, die diesen Weg bis zum Ende gegangen sind, haben gewusst, dass der erste Schritt ist, die Zone des von ihnen selbst aufgebauten inneren Komforts zu verlassen. Das ist eine der zuverlässigsten Arten, eine positive Entwicklung zu erreichen. Wenigstens bei mir hat das so funktioniert, wobei ich zu sagen wage, dass der Kampf bis heute andauert. Was ich damit sagen will, ist, dass ich beim Verlassen meiner Komfortzone mich selbst oft verlor und nach einem Kontakt mit meinem inneren Ich suchen musste. Ich pendelte zwischen den Kenntnissen über die Spiritualität und dem Müßiggang der materiellen Welt, zerrissen von Zweifeln, welchen Weg ich wählen sollte – den Weg zur Weisheit oder den Weg zur seelischen Verwüstung. Ich drehte mich in einem Teufelskreis von Lastern, Verzweiflung, Enttäuschungen und Trauer, übersättigt von dieser offenbar zerfallenden Welt, wohl begreifend, dass der Neid, die Bosheit und die Habgier Folgen des uns verderbenden, extremen Materialismus sind – Folgen, die die Krankheit der „falsch verstandenen Zivilisation" verursacht. Die Symptome dieser Krankheit sind Unzufriedenheit, Herzlosigkeit, Ungeduld, Müdigkeit, Ohnmacht, Arroganz und Ekel. Damals hatte ich noch nicht begriffen, dass diese Emotionen in ihrer Gesamtheit die größte Geißel unserer Evolutionsentwicklung – die ANGST –

bilden. Auf dieser Etappe wurde mir bewusst, dass gerade die Angst meine Erlösung in allem, was ich durchgemacht habe, war, und nicht selten habe ich Voraussetzungen für ihre Gegenwart in meinem Leben gesucht, indem ich die entsprechenden Bedingungen dafür geschaffen habe, mit dem einzigen Ziel, sie als eine Art Rechtfertigung für mein manchmal inertes Dasein zu benutzen. Wenn ich zurückdenke, wird mir klar, dass der Verlust der Ruhe und der Lebensfreude in den Momenten der Erleuchtung die Hauptursache dafür war, dass ich ins andere Extrem überging – die Suche nach dem spirituellen Sinn. Dann habe ich begonnen, mich den Meditationen und Reflexionen zu widmen, in der Suche nach der Erkenntnis über mein wahres Wesen. Ich hatte schon die vage Einsicht, dass ich mein Ego nur dann überwinden könnte, wenn ich mich selbst kennen lerne. Meine größte Errungenschaft war die Erkenntnis, dass ich meiner Entwicklung in verschiedenen Bereichen des Lebens eine zu große Bedeutung beigemessen hatte, aber eigentlich nichts über mich selbst wusste. Der Grund für meine fehlende Selbsterkenntnis war eben die Angst, die auch ein triftiges Motiv war, ständig vor mir selbst zu fliehen. Ich begriff, dass ich bis dahin das Wesen des Lebens in den um mich herum geschehenden Dingen gesucht hatte und nicht geahnt hatte, dass sein wahrer Sinn in der Wiederentdeckung meiner Persönlichkeit besteht, die mit der Selbsterkenntnis beginnt.

Das war der Anfang des Weges, auf dem sich auch mein höchstes Ziel herauskristallisiert hat – mich einfach meinen Ängsten zu stellen, statt mich selbst zu betrügen und zu versuchen, vor mir selbst zu fliehen. In meinem Buch „Der Hauch der Veränderung" habe ich einen Teil meiner Transformation beschrieben, indem ich auch Beispiele angeführt habe.

Für diejenigen, die das Buch nicht gelesen haben, versuche ich, es ganz kurz zusammenzufassen und zu erläutern. Die erste Entscheidung, die ich traf, war, nicht mehr danach zu streben wie die „überwiegende Mehrheit" zu sein. Mit der „überwiegenden Mehrheit" meine ich die Dogmen und die Vorurteile, in denen die meisten von uns gefangen sind. Ich sah ein, dass man sich nicht von der Angst besiegen lassen sollte, anders zu sein und andere Ziele zu haben. Somit habe ich den Anfang des Kampfes gegen mein Ego gesetzt, der, wie ich schon erwähnt habe, bis heute andauert. Es hat mich Jahre gekostet, mit den Spielarten der Angst zurechtzukommen, ich fiel und richtete mich wieder auf, bis ich zum Schluss begriff, dass jeder Misserfolg, der mich begleitete, mich zu meinem Endziel vorantrieb. Durch Beharrlichkeit, Disziplin und Selbstkontrolle machte ich mich mit mir selbst bekannt. Der Glaube und der Wille, hinsichtlich der klar definierten Ziele, halfen mir dabei, Selbstvertrauen zu entwickeln und den Weg der Veränderung weiterzugehen – der Weg, der mich zur Erfüllung meines Wunsches gebracht hat, mich selbst kennen zu lernen, mich zu verändern und die Welt durch die Augen der Weisheit wahrzunehmen.

Hier muss ich erwähnen, dass ich in all diesen Jahren auch Augenblicke der Verzweiflung, der Depression oder der mangelnden Selbstsicherheit hatte, und bestimmt werde ich solche Momente auch in Zukunft haben. In solchen Augenblicken verlasse ich mich jedoch auf drei kleine Worte: ANALYSE, LANGMUT und GLAUBE.

Ich bin mir sicher, dass jeder von Ihnen seine eigene Art der Selbsterkenntnis gefunden hat; da das Buch aber auf meiner persönlichen Erfahrung und Weltanschauung basiert, werde ich mich in den nächsten zwei Kapiteln darauf konzentrieren, einen Teil der menschlichen Gefühle zu charakterisieren.

Mein Ziel dabei ist, Sie zum Nachdenken zu bringen, so dass Sie ehrlich für sich die Frage beantworten – wie viele dieser Eigenschaften haben Sie auf ihrem Lebensweg bewältigt oder weiterentwickelt? Da dieses Buchkapitel „Therapie des negativen Denkens" heißt, finde ich es angebracht, bei den negativen Gefühlen anzufangen.

„Einer der schädlichsten und gefährlichsten Gedanken ist „Alle machen es so.'"

Tolstoi

„Neid ist ein Eingeständnis der Minderwertigkeit"

Victor Hugo

MINDERWERTIGKEIT und SCHULDGEFÜHLE

Der Minderwertigkeitskomplex

Am Anfang möchte ich Sie bitten, darüber nachzudenken, wie oft vor einem neuen Unterfangen in Ihrem Leben, in Ihrem Bewusstsein Fragen aufgetaucht sind, wie z. B.: „Habe ich das notwendige Potential, diesen Traum in Realität zu verwandeln? Lohnt es sich, mich dieser Idee zu widmen? Bin ich gut genug, um darum zu kämpfen? Werde ich wohl scheitern?" usw. Realistisch betrachtet gibt es kaum einen Menschen, der nie in seinem Leben an einer Kreuzung gestanden hat, ohne zu wissen, was der richtige Schritt wäre: Mut zu fassen und die eigene Entwicklung fortzusetzen oder sich abzufinden und im alten selbstgesponnenen Kokon zu bleiben, wohl wissend, dass der Komfort darin trügt? Trotz der fragwürdigen Sicherheit der zweiten Variante wählen die meisten gerade diese Option, da dieses Lebensmodell, wenn auch bedenklich, jahrelang aufgrund unseres Wertesystems und unserer, bedauerlicherweise, FALSCHEN Selbstbeurteilung errichtet wurde. Ich betone „falsch", weil es nur Wenigen bewusst ist, dass der bedeutendste Faktor bei den Missständen in unserem Leben unsere niedrige Selbstbewertung ist, die zu einem mangelnden Selbstbewusstsein führt. In ihrer Gesamtheit führen uns diese Eigenschaften immer zu einer vorprogrammierten subjektiven Niederlage, wobei sie uns auch in Zustände der Depression, der Einsamkeit, der Unruhe bringen ,und damit verbunden ist dann eine fehlende Lebensperspektive.

Schon Ende des 21. Jahrhunderts (Anfang des 20. Jahrhunderts) hat der österreichische Psychotherapeut Adolf Adler dies als Minderwertigkeitskomplex bezeichnet.

Adler definiert die Minderwertigkeit wie: „... ein verdrängtes Gefühl, das sich neurotischerweise in einem nicht realistischen oder antisozialen Streben nach Überlegenheit oder umgekehrt, in einem rationalisierten Unwillen zur Überwindung der Schwierigkeiten äußert." Er unterstützt die These, dass das Gefühl der Minderwertigkeit darauf zurückzuführen ist, dass das Individuum in seiner Vergangenheit einem fremden Willen unterworfen wurde (vor allem in der Kindheit; das kann aber meines Erachtens auch später passieren, während der Integration in der Gesellschaft). Anders gesagt: Das waren die Momente, wo wir gezwungen wurden, Dinge zu tun, die wir nicht wollten, wobei uns das Recht entzogen wurde, die Dinge zu tun, die wir wollten. Eben dieses Gefühl hat im Laufe der Jahre die Unsicherheit hinsichtlich unserer Fähigkeiten verstärkt und unbewusst bestätigt. Natürlich ist es durchaus möglich, dass diese Unsicherheit aus den unverdienten Beleidigungen kommt, die wir ertragen mussten, nur weil wir trotz allem nach unserem eigenen Ermessen und gegensätzlich zu den allgemeingültigen gesellschaftlichen Verhaltensnormen gehandelt haben. Die Folge aus dieser Eigensinnigkeit war nämlich die sich immer wieder wiederholende, unverdiente Kritik seitens der Öffentlichkeit, was zu einer Anhäufung der Beleidigungen geführt hat und zur Hauptursache für unser niedriges Selbstbewusstsein geworden ist. Einmal in unser Unterbewusstsein eingedrungen, beginnt die Minderwertigkeit bedauerlicherweise unsere positiven Eigenschaften sowie die guten Ideen, die daraus entspringen könnten, zu untergraben. Aus meiner Sicht führt das zu einem beispiellosen Ergebnis: Wir entwickeln und etablieren ein negatives Denkmodell, in Bezug auf unsere Persönlichkeit, und infolgedessen werden wir auch in den kleinsten Momenten einer positiven Erleuchtung über unser individuelles Wesen von unserer inneren Unsicherheit aufgehalten, und zwar durch ihr mächtigstes Argument – die ANGST in ihren verschiedenen Spielarten. Das einfachste Beispiel ist die lähmende Angst vor dem Scheitern, die unser Bewusstsein erobert. In ihr klingt noch die aufdringliche Stimme der vergangenen Misserfolge, die unser Leben immer noch begleiten: „Pass auf, du hast gesehen, wie die Konsequenzen ausfallen können" usw. Wenn aber umgekehrt melancholische und depressive Gefühle in uns eindringen, erklärt sich die Minderwertigkeit gleich mit uns einverstanden, indem sie unser Bewusstsein fördert. Das ist traurig, oder?

Natürlich erwarte ich nicht, dass Sie mir sofort recht geben. Immerhin ist das meine Weltanschauung, die auf psychologischen Romanen und Fachliteratur basiert, und ich bin weit weg von dem Gedanken, sie Ihnen aufzudrängen. Ich würde mich aber freuen, wenn meine Stellungnahme ein Denkanstoß für Sie ist, so dass Sie zu ehrlichen Antworten in Bezug auf das reale Wesen Ihrer Persönlichkeit kommen. Da ich die These unterstütze, dass das Minderwertigkeitsgefühl des Menschen durch falsche Selbstsicherheit, die an eine hirnrissige Arroganz grenzt, sowie durch Herzlosigkeit und vor allem durch EGOISMUS kaschiert wird, wird dies eine große Errungenschaft für mich sein. Hier könnten mir vielleicht viele von Ihnen mit der Frage entgegentreten: „Wird etwa nicht jeder von uns zu einem Egoisten, in seinem Drang zu überleben?" Wie alles in der Natur hat auch der Egoismus zwei Seiten. Die dunkle Seite zeigt sich meines Erachtens, wenn das menschliche Individuum sich einzig und allein um die Befriedigung seiner eigenen Bedürfnisse kümmert, indem es die anderen zum eigenen Nutzen MANIPULIERT, was den Hunger seines inneren Egos stillt. Auch nach so vielen Jahren des Nachdenkens kann ich mir diesen Typ des menschlichen Verhaltens mit nichts anderem erklären, außer mit dem Verlust der persönlichen Würde, kombiniert mit

Heuchelei. Hinter dieser Heuchelei verstecken wir unsere inneren Ängste vor der Gesellschaft, in einem verzweifelten Versuch, unsere Asozialität zu verbergen.

Warum habe ich mich dazu entschlossen, diese Emotion ausführlich zu beschreiben? Lassen Sie es mich erklären. Die Minderwertigkeit ist ein Opponent der Liebe; wenn wir folglich ihre Ursachen und Quellen aufdecken und begreifen, kommen wir in die Lage, uns ihr zu widersetzen. Wenn wir die psychologischen Forschungsarbeiten berücksichtigen, zum Beispiel die Theorien von Sigmund Freud und Alfred Adler, sollten wir den Kern dieses Komplexes in unserer Kindheit und im Verhalten der Eltern uns gegenüber suchen. Anders gesagt: Wir haben die Gelegenheit, uns zu entlasten, indem wir die ganze Schuld unseren Sorgeberechtigten in die Schuhe schieben. Wirksam und einfach, oder? Wie ich aber im ersten Kapitel dieses Buchs schon erwähnt habe, finde ich es nicht besonders anständig und korrekt, unsere Eltern wegen ihrer Fehler zu beschuldigen, denn auf diese Weise lehnen wir ganz dreist unsere Verantwortung als reife Persönlichkeiten ab. Ich bin völlig damit einverstanden, dass ein Schuldgefühl, das uns in unserer Kindheit eingeimpft wurde (darauf komme ich später noch), eine der Hauptursachen für die Entwicklung einer Minderwertigkeit ist, da unsere Psyche auf dieser Etappe noch zart und unentwickelt ist. Gerade deswegen ist die Unterstützung der Eltern sehr wichtig, aber es wäre falsch, den Einfluss externer Faktoren aus unserem Umfeld je nach unserem Belieben auszuschließen. Was ich damit meine ist, dass wir im Laufe unserer Sozialisierung auf Probleme stoßen – im Kindergarten, in der Schule, bei den Freundschaften und insbesondere in der schweren Zeit der Pubertät. Nehmen wir einige zufällig herausgegriffene Beispiele: die Kindergartenlehrerin schenkt bestimmten Kindern mehr

Aufmerksamkeit, und die Ursache dafür plagt die von ihr vernachlässigten Kinder; in der Schule werden wir als Außenseiter von den Anführern behandelt, die eine Gruppe um sich herum gebildet haben und Regeln für unsere Aufnahme festgelegt haben. Wir fragen uns woher diese Ungerechtigkeit rührt und was wir tun müssten, um uns mit ihr anzufreunden? Was können wir über Teenagerprobleme sagen, die unsere ersten Gemütsregungen in den Beziehungen mit dem anderen Geschlecht begleiten?

Ich kann viele ähnliche bildhafte Situationen beschreiben, die uns während der Reifung unserer Persönlichkeit begleiten. Tatsache ist: Wenn wir die negativen Emotionen aus solchen Situationen nicht überwinden können, dann bilden sich in unserem Gedächtnis bestimmte Erinnerungen heraus, die sich tief in unserem Bewusstsein einnisten. Als volljährige Personen ,auf dem Weg zur Reife, sollten wir bedenken, dass gerade diese Erinnerungen sich manchmal als tickende Zeitbomben erweisen, da sie später bewusste Gewissensbisse auslösen können, obwohl sie auf dem Niveau des Unterbewusstseins aufbewahrt werden. Diese Gewissensbisse werden ihrerseits unsere verborgenen Schuldgefühle ununterbrochen zu Tage bringen.

Im Grunde genommen glauben wir, dass wenn wir einmal oder mehrmals in einer bestimmten Situation gescheitert sind, dann haben wir uns mit Sicherheit selbst bewiesen, dass wir nicht gut genug sind und es keinen Sinn macht, gegen unsere Natur zu kämpfen. Was ich zu sagen versuche ist, dass wir uns selbst boykottieren, d. h. wir ziehen falsche Schlüsse über die früheren Ereignisse, aufgrund der falschen Beurteilung, die auf unseren vergangenen Erfahrungen basiert und nehmen die passive Opferrolle ein, was wiederum zur Entwicklung von Minderwertigkeit, als Eigenschaft unseres Charakters, beiträgt.

Zusammengefasst: Statt von unseren Fehlern zu lernen und eine innere Veränderung anzustreben, interpretieren wir sie als ein Beweis für die nächste bevorstehende Niederlage.

Ich möchte dieses Kapitel mit der allgemein bekannten Tatsache abschließen, dass die Selbstunterschätzung und die innere Unsicherheit sehr oft zu unnötigen Schwierigkeiten beim Umgang mit den Menschen in unserem Umfeld führen. Es gibt zwei Wege mit dieser Situation zurechtzukommen. Der erste ist in eine Selbstisolation, wegen eines falsch verstandenen Perfektionismus und wegen der Angst vor Fehlern, zu geraten. Sollte diese Selbstisolation über eine längere Zeit bestehen, transformiert sie sich in eine so genannte soziale Phobie. Die zweite Variante ist, in den Griff des Zynismus, der Arroganz sowie unseres eigenen Übermuts zu geraten. Hier sind die Folgen leider fatal, da wir der öffentlichen Meinung über uns erliegen und beginnen, für die Anerkennung unserer Umwelt zu kämpfen, indem wir die uns notwendige Aufmerksamkeit suchen und unterbewusst überzeugt sind, dass dies unsere niedrige Selbstbeurteilung neutralisieren würde. Infolgedessen entwickeln wir, bedauerlicherweise, ein obsessives Bedürfnis, unser falsches Gefühl für Überlegenheit immer wieder zu beweisen. Wie Sie sehen, stehen wir in beiden Fällen auf der Seite der Verlierer. Wir müssen begreifen, dass der Schlüssel zum Sieg über die Minderwertigkeit die Überwindung der angehäuften Schuldgefühle uns selbst gegenüber ist, wobei die Entwicklung der Liebe zu uns selbst von einer erstrangigen Bedeutung ist.

„Das schlechte Gewissen ist der schwächste aller ethischen menschlichen Charakterzüge — das, was wir am leichtesten einschläfern können, falls es aufwacht, und bei manchen wacht es überhaupt nicht auf."

William Thackeray

„Die Schuld ist die einzige Last, die man nicht allein tragen kann.“

Anaïs Nin

Das Schuldgefühl

Die nächste negative Emotion, die sich unserer inneren Liebe widersetzt, ist das Schuldgefühl. Es gibt vielfältige psychologische Abhandlungen, die dieses Thema ausführlich und professionell thematisieren. Ausgehend davon habe ich lange darüber nachgedacht, womit ich das Schuldgefühl gleichsetzen kann, bis ich endlich zum Schluss gekommen bin, dass das passendste Wort WUT ist. Wut, die jeder von uns gegen sich selbst richtet, wegen der tiefsitzenden Angst, dass man nicht immer fähig ist, richtig auf eine Alltagssituation zu reagieren. Jeder von uns ist sich darüber im Klaren, wozu die tiefsitzende innere Angst führen könnte: Verwirrung, Furcht, Aufruhr...alles nur Ableitungen des Wortes PANIK. Panik, die uns entmutigt, unsere Gedanken lahmlegt, unsere Energie zerstreut und dazu beiträgt, dass wir in eine totale Trance fallen. Das Endprodukt ist der Verlust der Kontrolle über sich selbst. Das Empörendste an diesem Prozess ist aber der Folgeeffekt: Der Einfluss der Wut in uns nimmt zu und bestätigt die Schuld als eine unabdingbare Eigenschaft unseres Charakters, und diese Schuld, wie ich im vorigen Kapitel erwähnt habe, löst einen Minderwertigkeitskomplex aus. Die Minderwertigkeit ihrerseits führt in den meisten Fällen zu Selbstkritik und Selbsthass, den wir in einen Groll gegen unsere Mitmenschen transformieren. Kurz gesagt: Indem ich detailliert auf den Einfluss der Wut eingehe, möchte ich Sie dazu motivieren, über die einfache Wahrheit nachzudenken, dass es unmöglich ist, Liebe zu spenden, wenn wir nicht mal in der Lage sind, unsere eigene Persönlichkeit zu kontrollieren und zu lieben.

Jeder von uns hat ein eigenes Denkkonzept über seine Persönlichkeit entwickelt. Dieses Konzept schließt nicht nur die

Wahrnehmung der Umwelt ein, sondern auch unseren persönlichen Blick auf unser inneres Wesen. Die synchrone Verbindung zwischen unserer primären Vorstellung von der eigenen Persönlichkeit und den entsprechenden Handlungen ist die Art und Weise, wie wir den Griffen der Schuld entkommen können. Einzig und allein wenn wir unsere Gedanken, Gefühle und Handlungen synchronisieren, werden wir es schaffen, die entstandenen Schuldgefühle loszuwerden. Ich versuche meine These mit einigen zufällig herausgegriffenen Beispielen aus meinem Leben zu bekräftigen. Wegen meines eigensinnigen Charakters habe ich mir oft Gedanken darüber gemacht, ob ich die notwendigen Eigenschaften besitze, die mich als einen hingabefähigen und mitfühlenden Menschen charakterisieren würden? In solchen Fällen habe ich, um ehrlich mir selbst gegenüber zu sein, meine Wünsche und meine Handlungen einer akkuraten Analyse unterzogen, bestrebt, Harmonie zu erreichen. Ich hatte die Wahl: Ich konnte wählen, ein guter Mensch zu sein, ehrlich, anständig sowie loyal zu mir selbst und zu den anderen. In diesen Fällen waren meine Absichten in einem völligen Einklang mit meinen Taten, so dass ich mich in Einheit mit meinem inneren Ich fühlte und die Schuld sich nicht in meinem Leben einnisten konnte. Natürlich gab es auch Augenblicke, wo ich in meinen Gedanken eifrig die These verteidigte, ich sei ein guter Mensch, aber – zugegeben – ohne sie mit realen Handlungen in meinem Leben zu unterstützen. Infolgedessen wurde das Schuldgefühl zu meinem ständigen Begleiter, was mich oft zu Selbstkritik und Selbstbestrafung brachte. Das geschah meistens in den depressiven Momenten und vielleicht begann ich mich deswegen allmählich zu isolieren, um schlechtes Benehmen zu vermeiden, bis zum Augenblick, wo ich meinen seelischen Frieden zurückgewonnen hatte.

Noch ein beliebiges Bespiel aus dem Alltag: Ihr Ziel ist, sich gesund zu ernähren, Sie haben aber eine Nikotinabhängigkeit, die Sie nicht bekämpfen wollen oder können. Da gibt es zwei Varianten – die erstere ist, Ihren ganzen Willen zu mobilisieren und die Abstinenz mit Glauben an das gesetzte Ziel auszuhalten, indem Sie sich so auch von der Schuld befreien. Die zweite Variante: Sie revidieren Ihre Gedanken, wobei Sie die Tatsache berücksichtigen, dass der Stress, die ungesunde Nahrung, der Alkohol u. a. nicht weniger schädlich sind, aber trotzdem von der Gesellschaft ignoriert werden. Sie beginnen Sport zu treiben, Entgiftungstage zu machen und bemühen sich, es mit dem täglichen Zigarettenkonsum nicht zu übertreiben.

Auf diese Weise synchronisieren Sie Ihre Erwägungen mit Ihren Taten – statt der vernichtenden Schuld macht sich in Ihrem Bewusstsein die Zufriedenheit breit, die von der Liebe zu Ihnen selbst begleitet wird. Sie sind wieder frei.

Der Schluss, den wir aus dem bisher gesagten ziehen können, ist, dass die unterbewusst aufgebaute Vorstellung von der eigenen Persönlichkeit unserem Verhalten im realen Leben entsprechen sollte. Infolgedessen werden aufgrund unserer Wahrnehmung analoge Handlungen folgen, die von ähnlichen Gefühlen begleitet werden. Um mit den begleitenden Emotionen während dieses Prozesses zurechtzukommen, sollten wir die einzige Wahrheit annehmen, dass die Qualität PERFEKTION der menschlichen Natur nicht eigen ist. Gerade das wird uns von der Schlinge der SCHULD befreien. Andernfalls werden wir die Enttäuschung und die Wut in uns weiterhin wachhalten, indem wir etwas immer wieder tun, obwohl wir begreifen, dass es uns keinen Nutzen bringt. Das Wichtigste ist: Diese Gefühle entfernen uns von der geistlichen Liebe, indem sie den Sinn unserer Existenz zerstören (manchmal irreparabel)...oder kurz gesagt:

Der Teufelskreis der Emotionen verwüstet unsere Seele, indem er uns von dem positiven Einfluss der Tugendhaftigkeit fernhält.

Ich möchte dieses Kapitel mit einem persönlichen Beispiel hinsichtlich des Schuldgefühls abschließen, das nicht nur meine Psyche, sondern auch mein routiniertes Leben zerstörte, wobei es mich manchmal zu asozialem Verhalten trieb. Wenn ich das Ganze aus meiner heutigen Perspektive betrachte, sehe ich, wie unsicher und gleichzeitig anspruchsvoll ich mir selbst gegenüber gewesen bin, was mich leicht anfällig für Manipulationen gemacht hat. Zur Hauptsache: Wenn die Menschen, mit denen ich kommunizierte, schlechte Laune hatten oder bekamen (auch wegen Bagatellen), nahm ich grundsätzlich an, dass die Schuld bei mir lag. Ich sah es als meine Pflicht, mich zu entschuldigen und die Menschen zu beruhigen, als ob ich die einzige Ursache dafür wäre, was ihnen zugestoßen war. Gottseidank habe ich im Laufe der Zeit begriffen, dass meine Unsicherheit und Naivität ihnen die Kraft gab, meine Persönlichkeit zu ihrem eigenen Nutzen zu missbrauchen. Ich half ihnen nicht nur dabei und förderte ihre Verantwortungslosigkeit, sondern ich urteilte unnötig über mich und ließ mich durch ihre Einstellung verletzen. Nach einem langen Kampf gegen mich selbst und einer detaillierten Selbstanalyse kam ich zum Schluss, dass ich meinen Verstand selbst für Strafen vorprogrammiert hatte, und die Folgen nahm ich als Entgelt für mein „unpassendes Verhalten" an. Der letzte ähnliche Fall bezog sich auf die Familie meines jetzigen Ehemannes. Ich verspürte das Bedürfnis einer dringenden Veränderung, wodurch ich meine negativen Emotionen in positive transformieren könnte, in der aufrichtigen Hoffnung, dass diese Veränderung mir dazu verhelfen würde, meine Gedanken mit meinen Handlungen zu synchronisieren...und ich habe es geschafft! Immer wenn ich eine

Handlung unternehmen wollte, die nicht meinen Gedanken entsprach, verließ ich mich auf meine Gewissensbisse, die die Rolle des Stoppfaktors spielten: Ich habe entweder meine Absicht oder mein Verhalten verändert. Im Laufe der Zeit kam ich zum Schluss, dass diese Synchronisierung nicht nur inspirierend ist – Gedanke, Handlung und Folgegefühl schwingen auf der gleichen Vibration – sondern sie führt uns auch unentwegt zur direkten Realisierung unseres Endziels. In der oben genannten Situation habe ich einfach den Beschluss gefasst, zwischen meinem tatsächlichen schlechten Benehmen und dem tief in mir eingeprägten Schuldgefühl zu unterscheiden. Ich habe aufgehört, mich wegen fremder Fehler zu beschuldigen, und wenn ich mich schlecht benommen hatte, entschuldige ich mich einfach und vergab danach auch unbedingt mir selbst. Auf diese Weise setzte ich die negative Energie frei und ging mit Leichtigkeit nach vorne weiter. Ich wage es zu behaupten, dass ich – wie arrogant das auch klingen mag – mich auf dieser Etappe als Siegerin fühle, da ich es geschafft habe, mich selbst zu überwinden. Meine Lösung ist einfach: in einer kritischen Situation schaue ich mir beide Seiten an und schätze ein, ob es sich lohnt, meine Energie zu verbrauchen, oder ob ich die Person, die mich in die Situation gebracht hat, einfach ignorieren soll.

Wenn ich wieder in den Wirbel der negativen Emotionen gerate, versuche ich nämlich, statt Energie zu verschwenden, diese zu zentralisieren, damit mein Organismus normal funktioniert. So stoppe ich den unnötigen, künstlich geschaffenen Stress, der sich mit der Zeit auch in meinen Körper niederschlägt. Das ist meine Art, den Zauberzyklus der negativen Emotionen zu unterbrechen und mich selbst in die Liebe und den Respekt meiner Persönlichkeit gegenüber hineinzudenken.

"Wer Angst vor den Angriffen gegen seine Überzeugungen hat, hat selber Angst davor."

„Vergib stets deinen Feinden, nichts verdrießt sie so."

Oskar Wilde

„In der Gemeinschaft ist es leicht, nach fremden Vorstellungen zu leben; in der Einsamkeit ist es leicht, nach eigenen Vorstellungen zu leben – aber bewundernswert ist nur der, der sich in der Gemeinschaft die Unabhängigkeit bewahrt."

EMERSON

KRITIK und GROLL

Die Kritik

Aus meiner Sicht widerspiegelt die Kritik oft unsere innere Welt, und daher haben mich meine Überlegungen über Minderwertigkeit und Schuldgefühle als Nächstes zu diesem Thema geführt. Gerade Kritik löst diese negativen Gefühle aus und gibt uns entsprechende Denkanstöße, wobei wir nach den Antworten auf manche Kardinalfragen suchen, wie z.b. „Was genau kann ich bei mir oder bei meinen Mitmenschen nicht akzeptieren?", „Warum löst die Kritik ein Gefühl der persönlichen Niederlage in uns aus?", „Können wir zwischen ihren verschiedenen Formen differenzieren, um mit ihr erfolgreich zurechtzukommen?" usw.

Schon am Anfang möchte ich klarmachen, dass in der Psychologie zwischen drei Arten von Kritik unterschieden wird: es gibt irrelevante, destruktive und konstruktive Kritik. Die irrelevante Kritik ist denjenigen eigen, die immer alles und alle durch Kommentare kritisieren, die gar nichts mit der konkreten Situation zu tun haben; die destruktiven Aussagen haben zum Ziel, eine Person durch Angriffe oder ironische Anmerkungen kleinzukriegen, jedoch ohne triftige Gründe oder Ursachen dafür zu haben; die konstruktive Kritik zählt eher zu den positiven Emotionen, da sie ein konkretes Thema betrifft und eine positive Veränderung bezweckt.

Aus dem einfachen Grund, dass ich weder eine ausgebildete Psychologin noch eine Psychotherapeutin bin, werde ich in diesem Kapitel nur zwei Arten der Kritik thematisieren, und zwar aufgrund meiner Erkenntnisse, die ich aus der persönlichen Erfahrung und aus meinen Lektüren gewonnen habe: aufbauende (konstruktive) Kritik, die positiv bewertet wird, und unbegründete Kritik (damit meine ich die irrelevante und die destruktive Kritik), die eine negative Erscheinung ist. Zwischen diesen zwei Arten von Kritik gibt es einen Riesenunterschied, daher möchte ich zuerst einige Erklärungen dazu geben. Im ersten Fall hat der kritisierende Gesprächspartner die Fähigkeit, durch die Reaktionen, die er in uns auslöst, auf unsere Schwachstellen hinzuweisen, worauf wir uns konzentrieren sollten, und auf diese Weise unterstützt er tolerant unsere Selbstvervollkommnung. Ich muss leider festhalten, dass wir in es den meisten Fällen nicht können bzw. wollen, so eine Meinung richtig einzuordnen, da sie von unserem inneren Selbsterhaltungstrieb oft abgelehnt wird, obwohl wir in unserem tiefsten Inneren wissen, dass wir falsch liegen. Wir sollten nicht vergessen, dass wenn wir unseren Zustand analysieren und die offensichtliche Wahrheit anerkennen, können wir die von uns zugelassenen Fehler leicht korrigieren, was eine positive Erfahrung in unser Leben bringt. In ihrer zweiten Variante stellt die Kritik eine ungerechte Verurteilung dar, die den Zweck hat, unsere Gedanken lahmzulegen, indem sie Gefühle der Angst, der Unsicherheit und der Unzulänglichkeit einflößt. Hier geht es um eine zielgerichtete Kritik, mit der der uns kritisierende Mensch uns großes Leiden zufügen will, um sich ein besonderes Gefühl der Bedeutsamkeit und der Genugtuung zu verleihen, ohne überhaupt einzusehen, dass er auf diese Weise unsere Bedeutsamkeit herabwürdigt...oder wie Dale Carnegie es gesagt hat: „Ungerechte Kritik ist oft ein verkapptes Kompliment." Falls wir den respektlosen, unbegründeten Vorwürfen nachgeben, statt die unpassenden Aussagen zu ignorieren, schlagen wir unbewusst den Weg zur Depression, zum niedrigen Selbstbewusstsein (das, wie schon erwähnt, zu Minderwertigkeit und Schuldgefühlen führt), zu panischen Reaktionen sowie sonstigen nervösen Störungen ein.

Der Schluss, den ich ziehen würde, lautet im Großen und Ganzen, dass es unmöglich ist, nie im Leben auf irgendwelche Vorwürfe zu stoßen, da jeder Mensch anders ist und seinen individuellen Charakter hat. Wir sollten aber zwischen den zwei gegensätzlichen Arten von Kritik unterscheiden können.

Zuerst sollten wir akzeptieren, dass die Kritik immer ein Teil unseres Lebens sein wird, und daher liegt es in unserem Verantwortungsbereich, die richtige Wahl zu treffen: wir können sie entweder ignorieren oder versuchen, Nutzen daraus zu ziehen.

Hier ist es angebracht, meine These mit einem Zitat von Wendell Phillips zu bekräftigen: „Die Wahrheit ist immer absolut; die Meinung aber ist eine Wahrheit, die durch die Stimmungen und Dispositionen des Betrachters filtriert wurde."

Ich möchte jetzt ohne weitere Abweichungen auf die unbegründete Kritik eingehen, da sie eben eine der Ursachen dafür ist, dass wir die Selbstliebe durch Groll und Selbsthass ersetzen. Die Liebe zu unserem inneren Wesen hängt eng mit unserer Fähigkeit zusammen, uns selbst zu respektieren. Der Selbstrespekt seinerseits rührt von unserer Fähigkeit her, unser Leben je nach unseren Wünschen und unserem Streben zu steuern – einerseits ohne die Gefühle der anderen zu verletzen, und andererseits ohne innere Ängste vor ihrer Meinung oder Wut vor ihren Reaktionen zu hegen. Anders gesagt: Wenn wir uns nach der Meinung der anderen richten, können wir nicht nur unsere Würde und unseren Selbstrespekt verlieren, sondern wir können auch unser Glück und unsere Freiheit aufopfern, was im

Gegensatz zum Gefühl LIEBE steht, das wir in Bezug auf uns selbst entwickeln wollen. Um nicht in so einen Gegensatz zu geraten, müssen wir zuerst die Individualität, die Exzentrizität und die komischen Charakterzüge unserer Mitmenschen wahrnehmen, was uns dazu verhelfen wird, unsere eigenen Besonderheiten richtig zu schätzen. Auf diese Weise werden wir es schaffen, das Verhalten der anderen erfolgreich zu ignorieren, auch wenn es nicht in den Rahmen unserer Verhaltensnormen passt. Eine leichte Methode diesbezüglich ist, die Fähigkeit zu entwickeln, sich in die Lage der anderen zu versetzen und die Dinge aus ihrer Sicht zu betrachten (soweit es uns möglich ist), wobei wir keine voreiligen Schlüsse ziehen. Ich bin zum Schluss gekommen, dass es besser ist, einfach die Unterschiede in den mentalen Einstellungen zu akzeptieren, statt stets zu versuchen, die Kritiker mit überflüssigen Erklärungen und Abwehrhaltung zu besänftigen. So werden wir uns über die Krittelei und den Egozentrismus aufschwingen und unsere Aufmerksamkeit höheren Zielen widmen, wobei wir uns auf die Freiheit unserer Gedanken verlassen. Die sicherste Methode, uns vor ungerechter Kritik zu beschützen, ist, unseren Selbstrespekt zu bewahren.

Wenden wir uns jetzt der anderen Variante zu: Wenn wir der kritisierenden Masse erlauben, uns zu vereinnahmen und gefügig zu machen, bekommen wir einen dauerhaften negativen Abdruck in unserem Unterbewusstsein, und infolgedessen kann unsere Umwelt uns problemlos unterwerfen und kontrollieren. Um meine These zu begründen, versuche ich die mentale Einstellung des Kritisierenden ganz allgemein zu interpretieren. Da wir in einer materiellen Welt leben, ist ein großer Teil der Gesellschaft materialistischen Gesinnungen und rücksichtslosen Verhaltensmustern unterworfen. Es ist jedoch allgemein bekannt, dass die meisten Menschen, die vom Materiellen besessen sind, eine spirituelle Blindheit aufweisen, da sie alles auf dieser Welt durch das Prisma der erworbenen Vermögenswerte oder Gegenstände beurteilen, die dann die Grundlage ihrer Selbstgenügsamkeit bilden. Wenn wir ihre Sichtweise teilen oder uns davon überzeugen lassen, werden wir auch ihre moralische Blindheit teilen. Wenn wir ihnen unsere Ansichten und Bestreben anvertrauen, wird unser anfänglicher Enthusiasmus durch ihre Feindseligkeit und ihr Misstrauen schnell gebremst werden. Anders gesagt: Wegen ihrer primitiven Mentalität werden sie unsere spirituellen Ideen verhöhnen, da ihre Engstirnigkeit und Spießertum ihnen nicht erlauben werden, einen Nutzen in unseren Projekten zu sehen. Natürlich wird diese negative, mentale Atmosphäre langsam auch in unser Bewusstsein eindringen und unsere Seele mit Aggression, Missgunst und in den schlimmsten Fällen mit Wut sowie Hass füllen. Die Gehässigkeit und die Missgunst, die für unsere (noch nicht entwickelten) Konzepte unpassend sind, werden sich, im Rahmen eines öffentlichen Raums, in unserem Unterbewusstsein in Kleinmut sowie Unsicherheit transformieren, was uns auf das Niveau ihrer niedrigen Gedanken und Ansichten herabsetzen wird.

Auf diese Weise begeben wir uns – bewusst oder unbewusst – auf die gleiche Ebene wie sie. Die Ursache dafür ist klar – indem wir unsere Seele geöffnet haben und jede Zurückhaltung (die so notwendig ist, wenn verschiedene mentale Niveaus vorliegen) abgelegt haben, haben wir den anderen erlaubt, die Initiative bezüglich unserer Handlungen zu ergreifen und ihre Meinung arrogant durchzusetzen. Wenn wir uns dazu zwingen, ihren Willen zu erfüllen, beginnen wir gegen unsere eigenen Interessen zu handeln. Infolgedessen wird unsere Seele von Unzufriedenheit erfüllt, die ihrerseits zu Missgunst führt.

Unsere Degradierung geht weiter mit Verwicklung in Intrigen und Kritisieren des Verhaltens von Persönlichkeiten, die es trotz allem geschafft haben, sich mit viel Willensstärke und Beharrlichkeit über die Masse zu erheben – dieselbe Masse, die uns zu Boden gerissen hat. Wir erreichen das unterste Niveau in dem Augenblick, wo wir beginnen, unsere Energie auf die Mängel und Misserfolge unserer Mitmenschen zu steuern, wobei wir VERGESSEN, dass das Problem bei uns selbst liegt – ein PROBLEM, das aus der Unzufriedenheit stammt, deren Opfer wir geworden sind, indem wir der unbegründeten und destruktiven Kritik nachgegeben haben. Wir haben eine letzte Chance zu uns zu kommen, indem wir die richtige Wahl treffen: ob wir „umdrehen" und den Weg zur geistlichen Veränderung und der LIEBE wählen, oder ob wir in unserer angeblichen „Komfortzone" bleiben und weiter den Weg gehen, auf dem sich unsere Unzufriedenheit zu Empörung auswachsen wird; die Empörung wird Hass gegen die anderen oder gegen uns selbst provozieren usw... bis wir eine psychische oder Nervenkrankheit entwickeln. Ich finde es angebracht, dieses Kapitel mit einem Gedanken von Gary Chapman zu beenden, der viel Wahrheit enthält: „Kritik ist eine Art, um Liebe zu betteln, obwohl sie nicht die beste ist".

„– Was soll ich tun, um mich aufzuwärmen?
- Sei empört. Der Zorn ist der beste Brennstoff,
den ich kenne.
Er brennt und verbrennt nicht."

Irving Stone

„Die Liebe schließt jede Beleidigung aus. Das Schmollen
und die Beleidigung zeugen davon, dass keine Liebe
unter den Menschen ist. Sie haben einen bestimmten
Wohnort, der ist aber nicht in der Liebe. Ihr müsst also
die Liebe auch in ihren kleinsten Manifestationen als
etwas Heiliges behandeln."

Der Lehrer Beinsa Douno

Der Groll

Obwohl ich den Groll als eine Folge der ungerechten Kritik betrachte, habe ich im Rahmen meiner Überlegungen eine Gemeinsamkeit mit dem Schuldgefühl entdeckt – das ist die WUT. Aus diesem Grund finde ich es passend, meine Ausführungen in diesem Kapitel mit einem Zitat von Fritz Perls zu beginnen: „Schuld fühlt sich viel edler an als Ressentiment und es erfordert viel mehr Mut, Ressentiments auszudrücken als Schuldgefühle. Indem Sie Schuldgefühle ausdrücken, hoffen Sie, Ihren Gegner zu beruhigen; Mit Groll können Sie Feindseligkeit wecken." Wie ich schon erklärt habe, ist das Schuldgefühl der Wut unterworfen, die wir gegen uns selbst richten, und der Groll ist eine äquivalente Emotion, die aber gegen unsere Gesprächspartner gerichtet ist. Obwohl beide Emotionen eine gemeinsame Basis haben, gibt es auch wesentliche Unterschiede, die man wahrnehmen sollte. Daher werde ich diese Gefühle parallel analysieren. Das Gefühl der Schuld taucht auf, wenn wir nicht nach unseren etablierten mentalen Vorstellungen leben, die uns vorgeben, was richtig und falsch ist, oder die den allgemein anerkannten Normen der Gesellschaft entsprechen. Wir hegen jedoch Groll in den Fällen, wo die Menschen, mit denen wir umgehen, nicht nach unseren mentalen Paradigmen über „richtig" und „falsch" leben und eine andere Denk- und Verhaltensweise haben. Anders gesagt: Im ersten Fall verurteilen wir uns selbst, und im zweiten Fall rügen wir die anderen. Es gibt kaum einen Menschen, der nicht auf irgendeiner Etappe seines Lebens Groll gegenüber seiner Umwelt hegte. Auslöser könnten z.B. das freche Verhalten von Fremden, der Egoismus der Freunde oder die Konflikte in der eigenen Familie usw. sein. Dann mäkelst du an allem und allen herum, ohne zu ahnen, dass du mit deinen Anschuldigungen und deinem Negativismus nur dich selbst belastest. Wenn wir unsere Umwelt beschuldigen, versuchen wir – bewusst oder unbewusst – beharrlich und sinnlos unseren Standpunkt zu verteidigen, wobei wir der Ansicht sind, dass dies das allgemeingültige, richtige Konzept ist, und so schieben wir die Schuld auf diese Weise in die Schuhe der anderen...oder wie der bekannte bulgarische Dichter Atanas Dalchev gesagt hat: „Es ist angenehm, empört zu sein: du spürst gleichzeitig, dass die anderen schuld sind und dass du ihnen überlegen bist." Da ich in meinen Erwägungen objektiv sein möchte, weise ich darauf hin, dass nichts Verwerfliches darin ist, wenn wir uns wirklich sicher in unseren Ansichten sind und sie durch Tatsachen unterstützt werden. Wenn wir aber all dies nur aus Trotz machen, der auf einen Minderwertigkeitskomplex zurückzuführen ist, sollten wir den Schaden berücksichtigen, den wir uns selbst auf diese Weise zufügen. Ich benutze das Wort SCHADEN aus dem einfachen Grund, dass der Groll ein negatives Gefühl ist, das eine unerträglich schwere negative Energie dem menschlichen Individuum bringt, die in einer Dissonanz zu seiner spirituellen Entwicklung und Selbstvervollkommnung steht. Dieses Gefühl verdirbt die Beziehungen und führt zu Mittelmäßigkeit, Groll und Missgunst im Charakter jedes menschlichen Wesens, das sich diesen „Luxus" gegönnt hat.

Aus der Sicht der Psychologie erwerben wir – wie ich schon in den vorigen Kapiteln dieses Buchs erwähnt habe – oft schon am Anfang unserer Entwicklung ein falsches Verhaltensmodell: in der Familie oder in dem sozialen Milieu, während unseres körperlichen oder spirituellen Wachstums. Bei der ersten Variante ist die beste Lösung, uns einfach Zeit zu nehmen und die so entstandene Situation zu analysieren, und falls wir falsch liegen, den Weg der Veränderung einzuschlagen.

Zu diesem Zweck wäre es gut, uns folgende Fragen zu beantworten: „Wer sind wir eigentlich; womit sind wir den anderen überlegen und was genau berechtigt uns dazu, die Menschen zu zwingen, unsere Denkweise zu übernehmen (oder noch schlimmer – unsere Verhaltensweise zu übernehmen)? Warum ist es notwendig, jemandes Individualität zu berauben? Bei der zweiten Variante werden wir, wenn wir unser Verhalten analysieren, selbst zu der Ursache für die Entstehung dieses Gefühls kommen.

Wenn wir feststellen, dass unser Groll berechtigt ist, ziehen wir den Schluss, dass die Wahrheit auf unserer Seite ist, und dann fällt es uns leichter, nach vorne zu gehen, statt unsere Energie für eine sinnlose, von vornherein zum Scheitern verurteilte, Sache zu verschwenden... da die Menschen um uns herum immer noch nicht dazu bereit sind, zu gestehen, dass sie dringend eine Veränderung ihrer Denkmodelle brauchen. In beiden Fällen werden wir uns herrlich fühlen, wenn wir aufhören, uns über unser soziales Umfeld zu empören, da wir zu einer wichtigen Schlussfolgerung kommen werden, nämlich, dass unser Groll nicht auf die Handlungen der anderen zurückzuführen ist, sondern auf unsere Reaktionen auf diese Handlungen...und gibt es denn eine bessere Weise, Liebe zu unserer eigenen Persönlichkeit zu zeigen, als diejenige, die uns dazu verhilft, uns selbst zu erhalten?

„Der Hass ist ein aktives Missvergnügen, der Neid ein passives; deshalb darf man sich nicht wundern, wenn der Neid so schnell in Hass übergeht."

Johann W. Goethe

WARUM SIND WIR SO BÖSE?
Warum sind wir so böse, warum sind wir gemein,
warum teilen wir alles in „mein" und in „dein",
warum versinken wir alle im Sumpf der Missgunst?
Doch sterblich sind alle. Das vergessen wir nur!
Das vergessen wir! Wir alle sind gierig und wild,
wir schüren den Hass und verfehlen das Ziel!
Ob einer von uns doch dem Tode entweicht -
Gleich sterblich sind wir und im Leben doch gleich!
Hört bitte auf! Lasst uns so leben -
weise, vernünftig und ohne zu eilen;
die dunkle Erde wird alle doch decken,
wichtig ist nur, was wir auf der Erde treiben...

Damyan Damyanov

WUT und ANGST

In meinem ersten Werk „Der Hauch der Veränderung" bin ich detailliert auf die Folgen der negativen Emotionen Wut und Angst eingegangen. Ich nehme an, das ist auch der Hauptgrund dafür, dass ich diese Gefühle im vorliegenden Buch erst am Ende des Kapitels „Therapie des negativen Denkens" behandle. Das ganze Kapitel hat zum Ziel, Sie dazu zu bringen, Ihre eigenen Emotionen zu analysieren, um die Mängel zu entdecken und zu akzeptieren, die den Fluss der Liebe zu Ihnen blockieren. Wenn Sie es geschafft haben, diese Mängel zu akzeptieren, dann haben Sie ihr wahres Gesicht akzeptiert, und wenn Sie darauf verzichten, ein falsches Bild von sich selbst in der Öffentlichkeit zu zeigen, dann schlagen Sie langsam, aber sicher, den Weg zu Ihrem wahren Wesen ein. Wenn Sie Ihr inneres Ich kennen lernen, werden Sie es schaffen, eine bedingungslose Liebe zu sich selbst zu entwickeln, die Ihre Seele heilen wird und so zu Ihrer Vervollkommnung in geistlicher Hinsicht, beitragen wird.

Meine Idee ist es, in diesem abschließenden Kapitel kurz auf die Gefühle einzugehen, die der Liebe entgegengesetzt sind und durch ANGST sowie WUT in uns ausgelöst werden – das sind Gefühle wie: Neid, Groll, Beleidigung, Stolz und ihre Ableitungen. Unabhängig vom Alter oder von der Reife des spirituellen Bewusstseins ist jeder von uns auf bestimmten Etappen seines Lebens auf die zwei Emotionen gestoßen, die am meisten selbstvernichtend sind – der Groll und der Neid. Diese Emotionen führen zu Feindlichkeit und unbegründetem Hass, was uns meistens überflüssige psychische Traumata oder – nicht selten – unnötige Leiden zufügt. Die Leiden sollten uns aufhalten und zu einer vollständigen Revision unseres Verhaltens motivieren;

stattdessen reißen sie uns aber in den Abgrund der Verzweiflung hinunter, wobei sie uns eine unbewusste Aggression und ein negatives Karma bringen sowie eine Reihe körperlicher Krankheiten verursachen. Aus allem bisher Gesagten lässt sich schließen, dass der Neid ein besonders abwertendes Gefühl ist, das auf einer inkompetenten und unbegründeten Konkurrenz mit einem gewissen Gesellschaftskreis basiert (damit meine ich das individuelle Milieu, in dem wir uns momentan befinden). Wenn wir darüber nachdenken, werden wir einsehen, dass die Rivalität unter uns nicht nur für niemanden von Nutzen ist, sondern auch negative Emotionen auslöst, die zu einer Degradierung der Persönlichkeit führen, denn die Wirkungsmethode des Neids ist sehr primitiv und eingeschränkt – selbst wenn man einen entwickelten Geist hat, kann man feindseligen Empfindungen Zugang zu seinem Herzen gewähren, die sofort alles Erhabene in einem abreißen, da sie meistens zu einem Hassbewusstsein führen, und der Hass ist das Gegenteil der Liebe. Wenn wir die Liebe ablehnen und die negativen Gefühle als etwas Normales annehmen, beginnen wir Menschen mit ähnlichen Gedanken heranzuziehen und geraten so in einen Teufelskreis, wo die vernichtenden Emotionen sich mit ihren entsprechenden Folgen abwechseln. Hier ist es vielleicht angebracht, an einen esoterischen Grundsatz zu erinnern: Wenn wir negative Energie gegen unsere Mitmenschen richten, verbessern wir unbewusst ihr Karma, aber gleichzeitig belasten wir unser eigenes Karma. Anders gesagt: Infolge aller missbilligenden Gedanken, die in unserem Bewusstsein verflochten sind, bauen wir eine falsche Denkweise auf und geraten in eine seelische Disharmonie, die uns in einen ununterbrochenen Wirbel der Laster hineinzieht, wo der einzige Ausweg das daraus folgende Leiden ist, das uns auf das Licht der Liebe zutreibt. Wenn wir das ablehnen, vertiefen sich unsere Probleme und wir geraten in den Trubel neuer, immer größerer Herausforderungen, bis wir es geschafft haben, mit unseren inneren Emotionen zurechtzukommen und den Schmerz völlig zu akzeptieren, d.h. ihn zu erleben. Im Augenblick, wo wir bereit sind, nach der Ursache für unsere Probleme mithilfe einer systematischen Selbstbetrachtung unserer Handlungen zu forschen, unterziehen wir unsere Gedanken und Handlungen einer gründlichen Analyse und schaffen so die ersten Schritte auf dem Weg zu unserer Heilung.

Wenn wir die ersten Regungen der Freude, der Gesundheit und des Wohlstands verspüren; wenn wir aufhören, die anderen wegen unseres Zustands zu beschuldigen und beginnen, die Umstände als Chancen zur Aufdeckung unserer inneren Kräfte und verborgenen Fähigkeiten zu betrachten; wenn wir uns im Klaren über unsere unterdrückten Gefühle sind, die bis jetzt unser Leben gelenkt haben; wenn die Tugendhaftigkeit triumphiert – dann sind wir auf dem richtigen Weg zur inneren Harmonie zwischen unserem verweslichen Körper und unserem geistlichen ICH. Kurz gesagt: Die LIEBE hat unsere Seele geheilt, denn eben die Tugendhaftigkeit, die von ihr kommt, ist die treibende Kraft der SPIRITUALITÄT. Jedem von uns ist überlassen, seine Wahl zwischen der VERDORBENHEIT, die Ungerechtigkeit, Gehässigkeit und Aggression mit sich bringt, und der SPIRITUALITÄT, die uns mit Güte, Zärtlichkeit und Schönheit erfüllt, zu treffen.

Der Epilog, den ich für dieses Kapitel des Buchs gewählt habe, ist, dass wir aufgrund der unbestreitbaren Tatsache, dass Angst und Wut dem negativen Denken zugrunde liegen, den Schluss ziehen können, dass die daraus resultierenden zerstörerischen Gedanken sich in Aggressivität, Inkonsequenz, Unschlüssigkeit, Neid, Hass, Selbstsucht usw. transformieren. Ausgehend von der These, dass die Gedanken sich leicht in

Gewohnheiten umwandeln, kommen wir logisch zur Schlussfolgerung, dass eben unser Denken – sei es richtig oder falsch – unseren irdischen Weg bestimmt. Wenn wir uns systematisch einer Selbstanalyse unterziehen, haben wir die Möglichkeit, unser Wesen mit der transformierenden und wiederherstellenden Kraft der Liebe zu erfüllen, statt uns der Ignoranz, dem Selbstmitleid und dem Groll zu überlassen und die ewige Opferrolle einzunehmen. Kurz gesagt: Wir haben die Wahl!

„Das Glück besteht nicht darin, das Unglück zu vermeiden; vielmehr besteht es im Gefühl der Vollständigkeit, in der Akzeptanz der Welt in ihrer Vielfalt und wird uns als eine Antwort auf die Bedürfnisse unseres Ich geschenkt."

Vladimir Chepovoy

2. VERVOLLKOMMNUNG DES POSITIVEN

Wenn wir über das Positive sprechen, möchte ich schon am Anfang klarmachen, dass das falsche Verständnis des Begriffs „positives Denken" zu der so genannten spirituellen Abweichung führt. In meinem Buch „Der Hauch der Veränderung" bin ich detailliert auf diese Theorie eingegangen und habe den Schatten des positiven Denkens mit Beispielen verdeutlicht. Für diejenigen, die das Buch nicht gelesen haben, mache ich eine kurze Zusammenfassung.

Um das Positive in uns zu vervollkommnen, sollten wir uns auf seine Gegenwart in unserem Leben konzentrieren. Das heißt aber noch lange nicht, dass wir die uns umgebende reale Tatsachenlage verleugnen müssen, um den Schmerz und das Leid mithilfe einer erfundenen Realitätsvorstellung in unserem Bewusstsein zu vermeiden, da so eine Verkennung der Realität mit Sicherheit zu mentaler Verwirrung und Desorientierung führen wird und in manchen Fällen sogar psychische Störungen verursachen kann. Kurz gesagt: Uns auf die positiven Dinge zu konzentrieren bedeutet, zu wählen, wie und wohin wir unsere Interessen und unseren Standpunkt ausrichten sollen – zum so genannten „monierenden" Bewusstsein oder zu einem Bewusstsein, das voller Dankbarkeit für alles, was es besitzt, ist.

Ausgehend von der Tatsache, dass jeder von uns eine eigene Identität hat, die man durch seinen individuellen Charakter zum Ausdruck bringt, kann ich mutig behaupten, dass wir unter dem Einfluss der äußeren Umstände ein subjektives Temperament aufweisen, das fast nie durch die Umstände selbst bedingt ist, sondern vielmehr auf unseren aktuellen seelischen Zustand und unser Selbstbewusstsein zurückzuführen ist.

Der innere Zustand resultiert aus dem Charakter der Gedanken, die uns auf dieser Etappe beherrschen. Wenn unsere Gedanken unwürdig oder falsch sind, sind die Umstände in der Lage, uns zu brechen oder zu „versklaven". Umgekehrt – wenn unsere Gedanken rein und edel sind, fühlen wir uns vergeistigt und frei, unabhängig davon, was um uns herum passiert. Wir haben einen inneren Frieden, denn wir sind psychisch nicht verantwortlich für die Ursache, die diese Umstände ausgelöst hat, und deswegen brauchen wir auch keinen Widerstand gegen ihre Folgen und Wirkungen zu leisten; wir nehmen sie an und nutzen sie zu unserem Vorteil, damit wir unser inneres Wesen verbessern, was zu einer positiven Veränderung in unserer Lebensweise führen wird. Was ich zu sagen versuche, ist, dass es keine Umstände gibt, die uns in den Abgrund der Verzweiflung hineinstürzen könnten, wenn wir selbst nicht eine üble Neigung dazu hätten – genauso wie es keine Umstände gibt, die uns Erfolg und Wohlstand bringen würden, falls wir selbst nicht die Veränderung erreicht haben, die uns dazu führen würde.

Wenn wir über die Veränderung sprechen, könnte jeder von Ihnen mir entgegenhalten – ja, ja... es hört sich leicht an, aber wie können wir das erreichen? Wo sollen wir anfangen? ... Was ich zu den wichtigsten Hinweisen in meinem ersten Buch „Der Hauch der Veränderung" hinzufügen würde, ist meine zusammengefasste These, zu der ich im Prozess der Arbeit am vorliegenden Buch gekommen bin, während ich mich detailliert mit der Reflexion der Persönlichkeit beschäftigte. Ich möchte hervorheben, dass meine Stellung auf psychologischen Methoden, Begriffen und Verfahren basiert, über die ich in der Fachliteratur gelesen habe, sowie auf metaphorisch umformulierten Schlussfolgerungen aus der klassischen Literatur. Sie lautet, dass die Veränderung immer mit einem bestimmten Gedanken beginnt. Der Gedanke führt unvermeidlich zu Handlungen. Die Handlungen verhelfen zum Aufbau unserer Gewohnheiten. Die Gewohnheiten formen die Individualität des Charakters. Der Charakter baut die Umstände auf. Die Umstände liegen, wie schon gesagt, unseren Errungenschaften zugrunde.

Die Errungenschaften sind das Produkt eines im Voraus formulierten Ziels. Der Kreis schließt sich mit dem Konzept, dass alle Errungenschaften (materiell, intellektuell oder spirituell) ein Ergebnis von konkret gerichteten, starken Gedanken, Entschlossenheit, Disziplin, Anstrengungen und TUGENDHAFTIGKEIT sind. Deswegen appelliere ich daran, dass wir unsere Laster in Tugenden verwandeln, die Verzweiflung – in Hoffnung, die mangelnde Selbstkontrolle – in Disziplin, die Faulheit – in Entschlossenheit, das Opfer – in Anstrengung… die Arroganz – in Dankbarkeit… die Dankbarkeit – in LIEBE!

Zum Schluss dieses Kapitels finde ich es angebracht, einen Teil der Informationen zu wiederholen, die in den vorigen Kapiteln ausgeführt wurden. Wir sollten nicht vergessen, dass wenn wir in unserem Verstand Ignoranz und böse Gedanken kultivieren, dann ist die Anhäufung von Schmerzen und Leiden ein ganz natürlicher Prozess. Wie ich schon erwähnt habe, kommt das Leiden mit dem einzigen Ziel, uns von falschen Gedanken zu reinigen und Harmonie mit unserem inneren Wesen zu bringen. Umgekehrt, wenn wir gesunde und tugendhafte Gedanken in unserem Verstand pflegen, werden wir nicht nur ein Gefühl von Freude und Ruhe erreichen, sondern auch ein Verständnis hinsichtlich der Entwicklung unseres Geistes entwickeln. Wie der österreichische Neurologe und Psychiater Viktor Frankl sagt: „Der Geist ist jene Dimension des Menschlichen, die als Freiheit,

Bewusstsein und Wille zum Sinn verstanden werden kann. Jedes menschliche Wesen hat die Freiheit, sich in jedem Augenblick zu verändern, es besteht jedoch die Gefahr, dass die Freiheit zu einer einfachen Willkür ausartet, wenn sie nicht aus der Position der Verantwortung gelebt wird." Anders gesagt: Wenn wir ein Gefühl der Verantwortung hinsichtlich unserer eigenen Existenz entwickeln, werden wir uns bemühen, richtig und vernünftig zu denken und uns an diese Gedanken halten. Infolge der ehrlichen und aufrichtigen Gedanken über unsere eigene Persönlichkeit werden wir einen edlen Charakter aufbauen, da die konstruktiven und positiven Gedanken zu produktiven und selbstkontrollierenden Handlungen verhelfen. Die produktiven Handlungen ihrerseits tragen zum Aufbau von gesunden Gewohnheiten bei, die die inneren Gefühle wie Gutmütigkeit, Selbstsicherheit, Entschlossenheit und Fürsorglichkeit fördern. Wie wir schon klargemacht haben, bauen die positiven Emotionen Umstände auf, die FREIHEIT, FREUDE, ZUFRIEDENHEIT und LIEBE bringen. Dank dem positiven Denken werden unsere Errungenschaften logischerweise von Erfolg, Wirksamkeit, Wohlstand und Prosperität gekennzeichnet.

„Vom ersten bis zum letzten Sonnenstrahl – dankt für alles, was euch gegeben wurde. Das ist es, das Glück zu finden, nach dem ihr sucht.“

Petar Danow

„Die Vergebung ist die größte Errungenschaft des Menschen,
denn sie stellt die Umsetzung der wahren Erleuchtung dar. Sie zeigt
die Verbindung des Menschen mit der Energie der Liebe.“

Wayne Dyer

DANKBARKEIT und VERGEBUNG

Für dieses Kapitel fällt mir kein besserer Anfang ein, als der Gedanke des berühmtesten Orators vom alten Rom, des Anwalts, Schriftstellers, Philosophen und Konsuls Marcus Tullius Cicero: „Es gibt keine andere Eigenschaft, die ich in so einem Ausmaß besitzen möchte, wie die Fähigkeit, dankbar zu sein. Dankbarkeit ist nicht nur die größte aller Tugenden, sondern auch die Mutter von allen." Was ich hinzufügen möchte, ist, dass die aufrichtige Dankbarkeit die Größe unserer Seele ausmacht, die die Schönheit der Liebe zu uns selbst und zu unserer Umwelt widerspiegelt. Mithilfe des Gefühls der Dankbarkeit können wir nicht nur mit Liebe und Geduld die unangenehmen Momente unseres Lebens aussortieren, sondern wir entwickeln auch die Kunst, die wichtigsten Dinge im Leben zu schätzen und zwischendurch die echten Augenblicke zu genießen. Leider wird das kleine Wort „danke" entweder mechanisch gebraucht, wie die ethischen Normen der Gesellschaft es vorschreiben oder ganz vergessen. Aber die dankbare Einstellung ist eine Einstellung, die Liebe, Anerkennung, Vergebung und Freude in sich einschließt. Wenn wir Dinge finden, für die wir dankbar sein können, trennen wir uns von den irdischen Lastern wie Gier, Neid, Wut usw. Infolgedessen blockieren wir die negativen Gedanken, die diese Laster hervorrufen und bauen positive Gewohnheiten auf, denn in einem dankbaren und vergebenden Bewusstsein können sich keine negativen Gedanken und schlechten Gewohnheiten aufhalten. Ich meine, dass wir das Leben oft als eine natürliche Gegebenheit betrachten, die auch eine göttliche und zufriedenstellende irdische Existenz einschließt. Um objektiv zu sein, gebe ich zu, dass wir auch dunkle Perioden in unserem Leben haben, sowie Situationen, in denen die Wut, die Klage und die Tränen einen gesunden, aufbauenden Charakter haben. In solchen Augenblicken fragt sich jeder von uns, wofür genau man dankbar sein sollte. Wenn wir aber akzeptieren, dass die Schwierigkeiten ein Teil unseres Lebens sind, wäre es für uns leichter, sie mit dem Glauben und der Hoffnung zu erleben, dass diese Herausforderungen kein Zufall sind und dass es eine konkrete Ursache für ihre Anwesenheit in unserem Leben gibt. Momentan mag das für uns eher wie ein Hirngespinst klingen, wenn sich aber das Motiv klärt, werden Sie Dankbarkeit für die gezeigte Langmut fühlen. Ich persönlich hatte viele ähnliche Perioden, aber die denkwürdigste davon war die Trennung von meinem ersten Ehemann. Ich war so gebrochen, dass ich keine Kraft hatte, in einer Stadt mit ihm zu leben. Es schien, als ob alles für immer verloren wäre, und mir war gar nicht bewusst, dass ich mit dieser Trennung nicht nur mich selbst, sondern auch meine Tochter rette. Um meinen psychischen Zustand zu verbessern, entschied ich mich zu einem Tapetenwechsel und ging in ein ganz unbekanntes Land, mit der Hoffnung, dass die jähe Veränderung der Umgebung den Anfang meiner Heilung bringen könnte. Zuerst hatte ich geplant, nur 2-3 Monate da zu bleiben, bis ich stabiler geworden bin. Ich danke Gott, ich danke meiner Familie und insbesondere meiner Tochter, dass ich genug Kraft und Glück hatte, diese schwierige Zeit meines Lebens zu meistern und viel später auch normale Beziehungen mit meinem Ex-Mann zu pflegen, so dass er weiterhin präsent im Leben seines Kindes sein konnte. Nach so vielen Jahren ist mir endlich die Ursache für die Trauer bewusst geworden, die mich auf jener Etappe meines Lebens gepackt hatte, und ich bin meinem Ex-Mann dankbar, dass er durch das Leiden, das er in mir auslöste, auch meine innere Kraft wecken und aktivieren konnte. Ich werde kaum die drei langen Tage und drei noch längeren Nächte vergessen, wo ich mit einer Kanne Kaffee dasaß und überlegte, wie ich in dieser Situation handeln sollte. Aus dieser Zeit stammt der scherzhafte Spruch meiner Tochter, dass die Lösung all meiner Probleme im vielen Kaffee steckt. Ich bin mir sicher, dass viele von Ihnen ähnliche Geschichten mitteilen könnten, wenn sie sich Gedanken über die vergangenen Schwierigkeiten machen und ihre wahre Ursache entdecken würden.

Was ich zu diesem Thema noch sagen möchte, ist, dass ich eben durch die im Laufe der Jahre gesammelten Erfahrungen die DANKBARKEIT als eine bedingungslose Liebe charakterisieren kann, die wir in uns entwickeln oder an die anderen weiterleiten, da sie uns die wertvolle Möglichkeit gibt, die Welt so anzunehmen, wie sie tatsächlich ist.

Um das Gefühl der Dankbarkeit bedingungslos zu erleben, müssen wir in den meisten Fällen auch vergeben, denn diese Gefühle sind meiner Meinung nach unmittelbar und unzertrennlich miteinander verbunden. Wie Konfuzius gesagt hat: „Unrecht getan zu werden ist nichts, solange du dich nicht daran erinnerst." Aus diesem wichtigen Grund finde ich es angebracht, diese erneuernden und Liebe spendenden Gefühle parallel zu analysieren. Lassen Sie mich erklären, was ich damit meine. Ich bin der Meinung, dass wenn Sie sich dazu entscheiden, sich selbst oder den anderen zu vergeben, dann demonstrieren Sie Ihren Wunsch, die für Sie schädlichen Emotionen wie Beleidigung, Schuld, Missgunst und Hass zu stoppen. So erweist sich die Vergebung als Ihre Liebesquelle, die Sie von der Verurteilung und der Missgunst zu Ihnen selbst oder zum Menschen, der Sie beleidigt hat, heilt. Wenn wir uns trotz des mentalen Urteils vergeben, nehmen wir Abschied von unserer

Vergangenheit und entfesseln die Freiheit in der Gegenwart, auf deren Basis wir unsere Zukunft aufbauen können. Mit anderen Worten: Vergessen Sie den Kummer, die Sorgen, die Ängste aus Ihrer Vergangenheit, um sich von den Schwankungen und Zweifeln in der Gegenwart zu befreien, die Hindernisse und Einschränkungen in der Zukunft vorprogrammieren. Nur so wird das Gefühl der Minderwertigkeit durch Entschlossenheit, Sicherheit und Kreativität ersetzt werden. Wenn Sie Harmonie und Balance auf dem Niveau der Seele erreichen, wird in Ihnen das Gefühl der Dankbarkeit triumphieren, was Ihr ganzes Wesen mit der aufrichtigsten und schönsten Tugend – der LIEBE – erfüllen wird.

„Wenn die Menschen an nichts glauben, sind sie bereit, an alles zu glauben"

Chateaubriand

„Es braucht Courage um Menschen zu lieben, aber Schmerz durch Liebe ist das brennende Feuer welches die die geliebt haben kennen. Wir alle kennen Menschen die so viel Angst vor Schmerzen haben, das sie sich wie Muscheln in einer Schale verkriechen, nichts geben, nichts wollen und schrumpfen, bis das Leben zum lebenden Tod wird."

Eleanor Roosevelt

LIEBE und GLAUBE

Was auch immer wir in unserem Leben unternehmen, wir werden kein zufriedenstellendes Resultat erreichen, wenn es uns an Selbstsicherheit, Geduld und Edelmut auf dem Weg zur Realisierung unserer Träume sowie an unbeugsamem Glauben, an die positive Entwicklung unserer Angelegenheiten, mangelt. Ich bin fest davon überzeugt, dass die Hoffnung unseren Handlungen vorausgeht, die Zuversicht uns inspiriert und uns die notwendige Kraft verleiht, die wir bei jedem Unterfangen brauchen. Unabhängig davon, ob wir uns auf unseren Glauben an Gott oder an das Universum verlassen, unabhängig davon, ob wir auf unsere persönlichen Eigenschaften zählen – der Glaube wird immer zu unserem Wegweiser, wenn wir die alltäglichen Herausforderungen des Lebens überwinden wollen. Natürlich wäre es naiv und milde gesagt leichtsinnig von uns, auf der Idee, dass wir mit unserem positiven Glauben die Enttäuschungen im Leben vermeiden könnten oder auf anderen ähnlichen Überzeugungen zu beharren. Wenn wir aber mit Vernunft und Weisheit glauben, können wir die Art und Weise beeinflussen, wie wir die uns ereilenden Schicksalsschläge wahrnehmen, wobei wir uns die negativen Gefühle und die zerstörerischen Emotionen ersparen, da der Glaube unsere Hoffnung aufbaut, und die Hoffnung entwickelt eine positive Einstellung in uns, die sich unvermeidlich auf unsere Entscheidungen und Handlungen auswirken wird. Später wird uns bewusstwerden, dass wir allmählich die Zweifel, die Bedenken und die Ausreden losgeworden sind, die uns in unserer bisherigen Situation festgehalten haben. Anders gesagt: Wenn wir die notwendige Offenbarung über unsere eigenen Gefühle erhalten haben, hören wir auf, auf Veränderungen seitens der äußeren Welt zu warten und beginnen uns zunehmend auf uns selbst zu verlassen, indem wir den Weg unserer spirituellen Erleuchtung gehen. Mit unserer Vervollkommnung in geistlicher Hinsicht fördern wir unsere Tugenden immer mehr, dank dessen wir bei jedem neuen Problem noch überzeugter von unseren Entscheidungen werden und immer sicherer sowie zielbewusster handeln. Letztendlich führt all das zu einer grundlegenden Veränderung unserer alten Vorstellungen über unser Wesen, so dass wir die Angst wegen der vergangenen Ereignisse sowie die Sorgen um die zukünftigen Ereignisse ablegen. Dann haben wir das gesunde Niveau erreicht, wo wir in der Gegenwart leben und die Schönheit und die Heiligkeit um uns herum genießen. Hier möchte ich kurz den Begriff „Gegenwart" von meinem Standpunkt aus erläutern.

In der Gegenwart zu leben heißt nicht, müßig zu sein und mit guten Gelegenheiten in der Zukunft zu rechnen. In der Gegenwart zu leben heißt, unsere Prioritäten zu setzen und danach mit täglichen kleinen Erfolgen zu leben sowie die kommende Zukunft Schritt für Schritt mit einer objektiven Denkart vorzuprogrammieren. Uns ist bewusst und wir sind vorbereitet darauf, dass das Leben unser Endziel verändern könnte, aber wir begegnen jeder Veränderung mit der Einstellung, dass wir in jedem Augenblick genau das bekommen, was wir gerade brauchen. Wir hören nicht schon beim ersten Hindernis auf, dem Weg unserer Träume zu folgen, denn wir nehmen die Herausforderungen mit der Überzeugung an, dass sie unsere Lektionen sind, deren Zweck wir im richtigen Zeitpunkt oder anders gesagt, wenn wir dazu bereit sind, verstehen werden. Wir hören nicht auf, an Gott, an das Weltall, an unsere Träume, an unser Endziel zu glauben! Gerade das gibt uns die Kraft, die Motivation und die positive Einstellung. Wir gehen unseren Weg mit Dankbarkeit, Begeisterung und Liebe zur eigenen Persönlichkeit und zur Welt, in die wir gekommen sind, um ihre spirituellen Gesetze kennen zu lernen.

Eine allgemein bekannte Tatsache ist, dass der GLAUBE ohne die Tat nicht existieren kann – sie hängen eng zusammen, was ich auch mit einer Passage aus der Bibel bekräftigen möchte: „Denn wie der Leib ohne Geist tot ist, so ist auch der Glaube ohne Werke tot."

Gerade deswegen ist es besonders wichtig, dass wir unsere konkreten Bedürfnisse begreifen, indem wir die Dinge erkennen, die momentan unwesentlich sind und den ersten Schritt machen, indem wir ein Ziel definieren, das im konkreten Zeitpunkt für uns die oberste Priorität hat. Vergessen Sie nicht, Sie können alles erreichen, aber Sie können nicht alles gleichzeitig haben. Wenn Sie das begriffen haben, werden Sie sich auf ihre erstrangigen Wünsche konzentrieren und mit Zuversicht, Hoffnung und Enthusiasmus den Weg Ihrer Selbstvervollkommnung weitergehen, bis Sie seelischen Frieden erreicht haben und mit Freude, Optimismus und LIEBE geladen sind. Ja, eben LIEBE, da ich der Meinung bin, dass sie wie der Glaube ohne Taten leer ist, so ist auch die Tat ohne Liebe unvollständig. Wenn wir uns von der bedingungslosen Liebe leiten lassen, sei es zu uns selbst, zur Welt oder zu unseren Mitmenschen, bekommen wir die Gelegenheit, nutzlose Gewohnheiten und dunkle Gedanken loszuwerden. Dann beginnen die Umstände gleichsam zu unserem Vorteil zu wirken, weil wenn wir uns auf das Positive beim Erreichen des gesetzten Ziels fokussieren, trennen wir uns bewusst und tendenziell von unseren festgefahrenen, selbstzerstörerischen Vorstellungen, die unser Potential blockiert haben. Aufgrund unserer Erfolge beginnen wir letztendlich, uns so wahrzunehmen, wie wir tatsächlich sind sowie die positiven Eigenschaften unseres Charakters zu schätzen und gegen die negativen Charakterzüge zu kämpfen, was uns definitiv dazu verhilft, uns selbst zu respektieren, Rücksicht auf die anderen zu nehmen, zu vergeben und die Liebe als die erstrangige Tugend in unserem moralischen Verhalten festzulegen. Indem wir die tiefe Bedeutung des Wortes „Zuneigung" neuentdecken, werden wir es schaffen, den Hass und die düsteren Gedanken zu besiegen und ganz natürlich zum Wesen unseres irdischen Weges – der LIEBE – zu kommen.

Zum Schluss dieses Kapitels möchte ich an SIE alle appellieren: Glauben Sie an sich! Lernen Sie von Ihren Fehlern, seien Sie aber auch nachsichtig! Vergeben Sie und vergessen Sie, lassen Sie aber nicht zu, dass Sie noch einmal auf dieselbe Weise verletzt werden! Seien Sie selbstsicher auf dem Weg zu Ihren Zielen! Und das Wichtigste: LIEBEN SIE SICH BEDINGUNGSLOS!

„Eines der häufigsten Probleme in den zwischenmenschlichen Beziehungen ist, dass wenn etwas nicht funktioniert, sind wir stets geneigt, die Verantwortung dafür außerhalb von uns selbst zu suchen."

Jorge Bucay

„Die Menschen machen immer die Umstände dafür verantwortlich, was sie sind. Ich glaube nicht an Umstände. Die Menschen, die vorangehen in dieser Welt,
sind stets jene, die sich aufmachen und die Umstände suchen, die sie brauchen, und sie schaffen, wenn sie sie nicht finden können."

George Bernard Shaw

HANDLUNG und VERANTWORTUNG

Im vorigen Kapitel habe ich detailliert die Bedeutung des Bezugs zwischen dem Glauben und den Taten analysiert. Absichtlich habe ich die Tatsache hervorgehoben, dass der Glaube einem Vogel ohne Flügel ähnelt, wenn er nicht durch Werke unterstützt wird und dass die mechanische Tat, die der Tugend der Liebe entbehrt, unvollständig und unwirksam ist. Daher finde ich es angebracht, im vorliegenden Kapitel auf die Wechselbeziehungen zwischen dem Tun und der Verantwortung detailliert einzugehen – ein Zusammenhang, ohne den es unmöglich ist, effektive und nutzvolle Ergebnisse zu erzielen. Vielleicht fragen sich manche von Ihnen, was das Thema Liebe mit den oben beschriebenen Eigenschaften zu tun hat? Lassen Sie mich erklären. In diesem Buch akzentuiere ich auf Reflexion der Persönlichkeit als eine der Methoden, unsere innere Liebe zu entwickeln, und deswegen bin ich der Meinung, dass die Überlegung und die Einordnung von jeder der genannten Eigenschaften eine Rolle bei der Gestaltung einer vollständigen sowie liebevollen Persönlichkeit spielt. Jeder von uns sollte danach streben, so eine Persönlichkeit zu entwickeln, denn in meiner Weltanschauung wird sie mit einer hochwertigen Gesellschaft assoziiert. Wie idealistisch das auch klingen mag, ist nicht gerade das die Idee dieses Buchs?

Ich habe lange darüber nachgedacht, mit welchen meiner Überlegungen über das vorliegende Thema ich beginnen sollte und habe mich entschieden, zuerst den Müßiggang, als eine Quelle von negativen Gedanken, zu charakterisieren, die zu einer negativen Einstellung gegenüber der eigenen Person und der Welt als Ganzem führen.

Wegen der mangelnden Selbstkontrolle, wegen der Impulsivität und der Desorientierung, die auf die stressige und hektische Lebensweise zurückzuführen sind, besteht das Verhalten der meisten von uns leider nur aus passiven Reaktionen statt aus aktiven Handlungen. Wir vergessen, dass die beste alternative Medizin gegen Depression und Minderwertigkeit sowie gegen Beleidigung und Unzufriedenheit eben die Bewegung und die Handlung sind. Natürlich rede ich hier von konsequenten und zielgerichteten Taten und nicht von chaotischen, unkontrollierten Handlungen. Ich hoffe, Sie haben es bemerkt, dass ich in meinen Büchern oft indirekt auf die Tatsache hinweise, dass ein großer Teil der Menschen in unserer Gesellschaft keine Klarheit darüber haben, was genau sie auf einer bestimmten Etappe wollen und was konkret sie glücklich machen würde. Deswegen ist der erste und schwierigste Schritt beim Unternehmen von konkreten Handlungen eben die Selbsterkenntnis und das Setzen von klaren und objektiven Zielen. Leider glauben wir oft, dass wir etwas wollen, machen aber keine parallelen Anstrengungen zu seiner Verwirklichung. In diesen Fällen erreichen wir nichts außer Gefühle der Empörung, der Schuld oder der Minderwertigkeit, gerade aus dem einfachen Grund, dass wir keine Einheit mit unserem inneren Ich haben und es Unterschiede zwischen unseren Gedanken (Wünschen), Gefühlen und Handlungen gibt... dementsprechend ist unser Wunsch imaginär. Ich habe eine detaillierte Erklärung darüber im Abschnitt „Kritik und Groll" gegeben. Um unserer, von uns selbst verursachten, Agonie ein Ende zu setzen, ist die passendste Handlung in diesen Fällen, einfach unsere Wünsche umzudenken und unsere innere Einstellung einzig und allein auf die Erreichung des Wunsches zu richten, der gerade die höchste Priorität hat und uns auf dieser Etappe die größte Genugtuung bringen würde.

Dann wird das Chaos weichen und unserer Zielgerichtetheit sowie unserem Enthusiasmus Platz geben.

Unabhängig davon, dass ich mich seit Jahren für Psychologie interessiere, kommt es in meinem Leben oft vor, dass ich Momente der Melancholie, der Unsicherheit, des chaotischen Denkens und der Minderwertigkeit erlebe. Dabei muss ich sagen, dass diese Perioden nicht damit verbunden sind, ob ich ein zufriedenstellendes Einkommen habe oder gerade in einer finanziellen Krise stecke; sie hängen aber direkt von meiner Umwelt und von meinen zwischenmenschlichen Beziehungen ab.

Einer der Schritte, die ich in solchen Augenblicken unternehme, um der Dunkelheit der Verzweiflung zu entkommen, ist, Zeit für mich selbst zu nehmen und einige Tage alleine zu verbringen. Ich analysiere meine Handlungen, ich gebe mich der Wut hin, ich akzeptiere die Angst und lasse meinen Tränen freien Lauf. Ich fühle mich nicht schuldig wegen meiner Gefühle, sondern erlebe sie einfach, wobei ich mich bemühe, meine Familie nicht zu belasten und meine Anschuldigungen gegen den Verursacher zu begrenzen. Nachdem ich mein Gleichgewicht zurückgewonnen habe, erstelle ich sehr geduldig meine neue Liste mit Wünschen, deren Realisierung mir dazu verhelfen könnte, aus diesem Zustand ganz herauszukommen. Ich analysiere detailliert jeden Wunsch, bis ich bei einem Wunsch spüre, dass meine Angst sich in Aufregung transformiert, der Groll – in Enthusiasmus und die Unsicherheit – in Motivation. Gerade dieser Wunsch wird mein Ziel mit der obersten Priorität, ‚und dann entwerfe ich einen Plan zu seiner Realisierung. Kurz gefasst möchte ich sagen, dass der Kampf mit uns selbst unser ganzes Leben lang dauert, denn genauso kommen wir auf das nächste spirituelle Niveau. Sie sollten bei den ersten Anzeichen einer Depression nicht verzweifeln und sich dem Müßiggang und dem

Selbstmitleid hingeben, denn sie werden Sie auf dem Weg Ihres spirituellen Wachstums steuern. Man sollte auch berücksichtigen, dass es besonders wichtig ist, beim Entwurf unseres Handlungsplans offen für Veränderungen zu bleiben, die eventuell wegen verschiedener Ursachen und unvorhersehbarer Umstände eintreten könnten. Anders gesagt: Wir sollten uns darauf einstellen, flexibel sowie anpassungsfähig zu sein und die „Hindernisse", die kommen könnten, als notwendige Herausforderungen anzunehmen, wodurch das Leben uns testet, ob wir zurechtkommen können und ob wir die Realisierung des gesetzten Ziels verdient haben. Sie wissen ja, dass alles seinen Preis hat, und wenn wir uns nicht darüber im Klaren sind, dann ist jetzt der richtige Zeitpunkt zu erfahren, ob wir diesen Preis zahlen können. Es kommt auf die Antwort an, ob wir als Sieger weitergehen oder uns wieder wie Opfer der Umstände sehen, die über ihr „Glück" klagen!

Ich erwähne all das, weil ich am Anfang meiner „Transformation", auf dem Weg meines festgelegten Plans hinsichtlich des gesetzten Endziels, es oft nicht geschafft habe, die neu erschienenen und die unerwarteten Herausforderungen zu meistern. Das führte mich immer wieder zu neuen Enttäuschungen und brachte mich immer wieder zur Startposition, am Anfang des Weges, zurück. Es hat nicht lange gedauert, und ich habe begriffen, dass die Ursache dafür die Obsession von dem Endergebnis war. Aufgrund dessen hatte ich nicht die notwendige Geduld, um human und verantwortungsvoll zu handeln. Statt nett zu mir selbst und zu den anderen zu sein, wurde ich z. B. von Reizbarkeit, Eitelkeit wegen meiner angeblichen Größe und rücksichtslosem Übermut erfüllt. Im Laufe der Jahre und aufgrund der gesammelten Erfahrungen habe ich meine eigene Verantwortung hinsichtlich meines Verhaltens eingesehen. Vor allem bin ich zum Schluss gekommen, dass es absolut notwendig ist, Disziplin und Geduld zu haben, um ein positives, zufriedenstellendes Ergebnis zu erzielen und um meinen Weg im Licht der Liebe zu gehen, was auch Flexibilität, Demut, Beistand und Verantwortung für die Folgen einschließt. Ich habe begriffen, dass es nicht nötig ist, mich selbst mit unbedeutenden Dingen zu quälen und die Umstände oder meine Mitmenschen wegen jeder Abweichung von meinem „perfekten" Plan zu beschuldigen. Ich habe mich von der Gewohnheit getrennt, mich als „Opfer" zu rechtfertigen und habe begonnen, das Leben so zu nehmen, wie es ist. Meine Fehler sind zu meinen Vorteilen geworden, da ich mit ihrer Hilfe eine klare Vorstellung von meiner Verantwortung bei der Erschaffung meines inneren Wesens bekommen habe, wobei ich mich auch wegen der Kraft der Illusionen schämte, in denen ich vor meiner Transformation gelebt hatte. Ich habe mich von den Ketten meiner Vorurteile befreit und habe die Vorteile des freien Geistes gespürt, jedoch diesmal ohne abhängig von dem Urteil der Gesellschaft zu werden. Die Kraft für all das schöpfte ich aus den positiven Resultaten bei den gesetzten Zielen und aus der Liebe zu meinem individuellen Wesen, die mich bei dem Erreichen von jedem Ziel neu erfüllte.

Ich möchte dieses Kapitel mit einem Zitat von George Bernard Shaw beenden: „Freiheit heißt Verantwortung. Deshalb wird sie von den meisten Menschen gefürchtet". Und Sie? Sind Sie frei oder fürchten Sie sich? Vergessen Sie nicht, dass der Hass von der Angst herrührt und die Freiheit der Liebe untergeordnet ist!

„Früher habe ich gesagt: 'Ich hoffe, dass sich die Dinge ändern.' Dann habe ich begriffen, dass es nur eine Art gibt, alles zu verändern – mich selbst zu verändern"
Jim Rohn

„Sie werden Misserfolge haben. Sie werden verletzt. Sie werden Fehler machen. Sie werden Phasen der Depression und Verzweiflung haben. Familie, Bildung, Arbeit, Alltagsprobleme - all dies kann Ihr Training beeinträchtigen. Der innere Pfeil des Kompasses muss jedoch immer in die gleiche Richtung zeigen - zum Ziel."

Stuart

SCHLUSS

In der Einführung des vorliegenden Buchs habe ich den genialen klassischen Schriftsteller Fjodor Dostojewski zitiert und deswegen finde ich es sinnvoll, zum Schluss denselben Spruch noch einmal zu wiederholen: „Die Schönheit wird die Welt retten". Versuchen wir aber jetzt diesen Gedanken zu paraphrasieren, indem wir das Wort SCHÖNHEIT durch das Wort LIEBE ersetzen und in die Bedeutung des Satzes „Die Liebe wird die Welt retten" buchstäblich eindringen. Das ist auch die Hauptidee meiner Schriften: durch Selbstanalyse und Selbsterkenntnis die Liebe in uns zu entwickeln, denn einzig die Liebe ist in der Lage, die Angst zu bekämpfen, die unser Bewusstsein erfasst. Aus diesem Grund möchte ich gerade am Schluss meiner Ausführungen den Zustand der Persönlichkeit beschreiben, die der Angst unterworfen ist und der Liebe entbehrt. In der Psychologie ist dieser Prozess unter der Bezeichnung „Degradation der Persönlichkeit" bekannt, da das von der Angst besessene menschliche Individuum sein individuelles Gesicht verliert. Leider handelt es sich dabei um einen allmählichen, jedoch oft unumkehrbaren Prozess, der oft mit Veränderungen im Charakter und in der Denkweise beginnt. Zum Beispiel wird das logische Denken vom Ego verdrängt, die Passivität verdrängt die Vitalität, die Ruhe wird durch Reizbarkeit und Jähzorn ersetzt, die Toleranz geht in Aggression über; die psychische Stabilität wird durch gereizte Nervosität ersetzt. Ich bin mir sicher, dass jeder von uns Menschen mit einem ähnlichen Verhalten kennt. Das denkwürdigste Beispiel, das ich kenne, ist eine einsame 73-jährige Frau (abgesehen von ihren zwei Bankkontos), die mit diesem Verhaltensmodell nicht nur ihr privates Leben, sondern auch das Leben ihrer beiden Kinder zerstört hat. Das Traurige daran ist: Sie will nicht nur gar nicht wahrhaben, dass sie den Weg zu ihrer Degradation stürmisch hinuntergleitet, sondern sie hat auch keine Lust, sich zu verändern, den zahlreichen Versuchen ihrer Söhne zum Trotz. Sie liebt sich selbst nicht, ihr Egoismus ist über die Grenzen des Zulässigen hinausgewachsen und ihr einziges Vergnügen besteht darin, die Würde der anderen zu unterdrücken – gerade weil sie ihre eigene Würde im Prozess der Degradierung verloren hat.

Schauen wir uns jetzt um und schätzen wir die Veränderungen ein, die in der Gesellschaft mit der Evolution des menschlichen Individuums eingetreten sind. Ich rede von der EVOLUTION, da diese Probleme mehr oder weniger auf allen Entwicklungsstufen der Zivilisation präsent sind. Es reicht, wenn wir einen klassischen Roman aufschlagen (unabhängig von der ethnischen Zugehörigkeit des Schriftstellers) – und Sie werden sich selbst sagen, dass das dort Geschriebene auch für die heutige Zeit gilt. Das Geld regiert die Welt, und das Wertesystem verändert sich und degradiert. Leider ist es immer so gewesen und wir entdecken nichts Neues. Das ist der Kampf zwischen der ANGST und der LIEBE, den ich persönlich als den ewigen Kampf zwischen dem Bösen und dem Guten betrachte. Wie Sie selbst sehen, schreibe ich nichts Neues oder Unbekanntes in meinen Büchern, aber ich schreibe mit einer bestimmten Absicht – ich möchte so viele Menschen wie möglich dazu bringen, ehrlich sich selbst gegenüber zu sein und den realen Zustand Ihres Selbst zu bestimmen. Machen Sie kurz Halt und treten Sie aus der Matrix heraus. Schauen Sie sich um. Was sehen Sie? Wir haben das Gemeinschaftsgefühl verloren, handeln und „retten" uns aus eigener Kraft, wobei wir den Domino-Effekt vergessen, der besagt, dass unsere eigene Sicherheit eben von der Sicherheit der Gesellschaft abhängt.

Es fehlen die lebenswichtigen Gefühle wie Verantwortung, Mitleid und Hilfsbereitschaft. Wir haben für jede Situation eine Rechtfertigung, wobei wir sogar unsere eigene Schuld den anderen zuschieben.

Die Aggression ist die universale Lösung für alle Probleme. In allen Bereichen unseres Daseins steht die Konkurrenz ganz hoch im Kurs und deswegen versuchen wir ununterbrochen, uns auf Kosten der anderen zu bestätigen. Ist etwa unsere Existenz auf der Welt kein genügender Beweis dafür, dass wir wichtig sind?

Wir haben vergessen zu träumen und infolgedessen sind wir unfähig, uns langfristige Ziele zu setzen und noch unfähiger einen Plan zu deren Realisierung zu erstellen. Wir haben die Zentrierung in den fundamentalen Angelegenheiten des Daseins verloren, und daher würde ich sagen, dass wir zum Primitivismus zurückkehren. Wir vergeuden unsere Energie für viele verschiedene Ideen, die Kommunikation ist gestört oder fällt ganz aus; wir haben das Wort „Diskussion" durch Kritik und Verurteilung ersetzt, wobei wir in den meisten Fällen nicht den Mut haben, offen zu sprechen. Die Abschwächung unseres Willens geht mit apathischem Verhalten und Lebensmüdigkeit einher. Der Müßiggang erstickt unsere Talente und gibt uns der Faulheit und der Gier preis. Wegen unseres mentalen Zustands sind wir nicht in der Lage, irgendwelche Erinnerungen zu sammeln oder zu speichern, ausgenommen die aktuellen Tagesthemen – wer was am Arbeitsplatz gemacht hat oder die Idiotismen im politischen Bereich. Ich kann unzählige Beispiele anführen, aber ich glaube, das reicht momentan, um Sie zu überzeugen, dass jeder von uns sein Verhalten analysieren sollte und seine Verantwortung für die Gesellschaft, die wir zusammen aufbauen, übernehmen sollte. Auch wenn Sie alles bisher Geschriebene ablehnen, auch wenn Sie ihren inneren Zustand vor der Welt kaschieren... fassen Sie wenigstens den Mut, die Wahrheit vor sich selbst zu gestehen. Gerade deswegen finde ich es angebracht, diese Gedanken wieder mit einem Zitat von Fjodor Dostojewski abzuschließen, und zwar aus seinem großen Meisterwerk „Die Brüder Karamasow", wo er das menschliche Dasein beschreibt: „Vor allen Dingen: Belügen Sie nicht sich selbst! Wer sich selbst belügt und an seine eigene Lüge glaubt, der kann zuletzt keine Wahrheit mehr unterscheiden, weder in sich noch um sich herum; er achtet schließlich weder sich selbst noch andere. Wer aber niemand achtet, hört auch auf zu lieben und ergibt sich den Leidenschaften und rohen Genüssen, um sich auch ohne Liebe zu beschäftigen und zu zerstreuen. Er sinkt unweigerlich auf die Stufe des Viehs hinab, und all das, weil er sich und die Menschen unaufhörlich belogen hat. Wer sich selbst belügt, ist auch leichter beleidigt als andere." Die Schlussfolgerungen überlasse ich Ihnen.

Zusammenfassend würde ich sagen, dass wir eine Welt aufbauen, wo die ANGST die führende Kraft und die Liebe eine Mirage ist. Wenn wir es schaffen, in die Tiefen der LIEBE einzudringen, wenn wir ihre heilende Kraft entdecken, werden wir auch fähig sein, aufrichtig Buße zu tun. Die Buße wird ihrerseits zum Fundament für die Entwicklung von edlen Tugenden in jedem von uns werden.

Als Schlussgedanken dieses Buchs habe ich ein Zitat von Emily Dickinson gewählt. „Die Hoffnung ist wie ein Wellenkamm", sagt sie. Fürchte dich nicht vor der Flut (d.h. vor der Handlung, würde ich ergänzen), denn sie könnte deine Erlösung sein und dich zu der Veränderung bringen, die du brauchst, um dich von allen Blockaden der kranken Gesellschaft zu befreien. Lasst uns zusammen eine Gemeinschaft mit einem gesunden Wertesystem und mit Tugenden aufbauen, damit wir die Welt im Zeichen der SPIRITUALITÄT erleben!

DANKE FÜR IHR INTERESSE!

Zeitfracht Medien GmbH
Ferdinand-Jühlke-Straße 7
99095 Erfurt, Deutschland
produktsicherheit@kolibri360.de